바보중과 천치승

활안 한정섭 著

불교통신교육원

추천서

백년 3만6천일, 돌아보면 한가한 절간의 반 나절 시간도 되지 않는데, 우리 인생은 그동안 먹고 입고 사는 것 때문에 얽매여 보이지 않는 감옥 생활을 하고 있다.

세상 사람들은 상식 밖의 일을 이야기하거나 지식 밖의 소리를 하면 이 세상 사람이 아니라 하는데 생각해보면 그런 사람들 때문에 세상은 재미있는지도 모른다.

그런데 그 몇 안 되는 천재·영웅 가운데서도 성인을 팔고 흉내 내는 사람들 때문에 바른 법이 침몰하고 바른 행을 하는 사람들이 천대를 받는 경우가 더러 있다.

나는 80평생을 살아오다 보니 1천년 역사를 가진 아름다운 불교가 조선조에 이르러 어떻게 4대문 안을 들어오지 못하게 하는 종교가 되었는가 의심하였는데, 이 책을 읽고 나서 비로소 그 의심이 싸악 풀리게 되었다.

쇠가 쇠를 먹고, 살이 살을 먹는다더니 사자 속에서 사자충이 나서 사자를 깡그리 다 먹어버렸기 때문이다.

일체 중생이 모두 부처라 하니 나도 부처 너도 부처, 개부처 소부처, 이·벼룩부처가 우후죽순처럼 나타나 산 부처, 죽은 부처를 모두 다 잡아먹어 버렸다.

어쩌다가 눈 뜬 사람이 오면 눈 먼 사람들이 이리 짓밟고 저리 **빼돌려** 마지막엔 고목에 꽃처럼 구경시켜 놓고 입장료 받는 세상이 되어 있다.

정법이 사법(邪法) 속에서 쌀에 뉘처럼 귀하니 누구를 원망하고 누구를 꾸짖겠는가. 어쩌다가 풍전도인(風顚道人)이 나타나 꾸짖고 욕하면 도리어 그를 미쳤다고 쫓아내니 장애인 속에서는 정상적인 몸을 가진 사람이 병신이 된다는 말이 이를 두고 한 말인 것 같다.

나는 이 글을 읽고 스스로 바보천치인 것을 깨달았으므로 혹 나와 같은 사람이 있으면 한 번 보고 웃어보라 하여 감히 추천서를 써 권하는 것이다.

2014년 갑오년 단오날 안양원 안경우

머리말

바보천치가 별 사람이더냐
알고도 속고 모르고도 속고
천하를 주유하면서
인생 이전의 인생에 들어간 사람
천하와 함께 살고 만민과 함께 더불어 사는 사람
이런 사람들을 바보천치라고 말한다.

그러나 그런 사람들은
그런 말에 개의치 않고
오직 자연스럽게 자기 할 일만 하고
생각없이 살아간다.

한 학자가 중국 병원에 갔다가 영국 간호원을 보고 물었다.

　"魔談 撥遇來 赴佛安世"
　　마 담 발 올레 부불안세
"부인 불란서 말 하실 줄 아십니까?"
하는 말인데 간호원이 그 글을 보고 화를 냈다.
"어찌하여 나를 마군(사탄)이 취급을 하십니까?"
하며 물었다.

"迷時多 英傑你"
미시다 영걸니

"당신은 영어를 하실 줄 압니까?"

물은 말인데 이 양반 그 글을 보고
"내가 왜 영걸입니까?"
하였다.

어중간히 아는 것이 병이다.
이것은 Madame(마담·부인)이란 말을 한문으로 "마담(魔談)"으로 썼으니, 글자만 보면 "마군이 말을 하는 사람"이라 곡해(曲解)할 수도 있다. 또 "미시다(迷時多)"는 영어의 Mr(미스터) "선생님"이란 뜻인데, "세상을 모르는 사람"으로 이해하고 또 English(잉글리쉬 영어)란 말을 "영걸"로 잘못 이해한 것이니 말이다. 참으로 웃지 못할 에피소드다.

세상에는 겉만 보고 속을 못 보면 이런 일들이 종종 생길 수 있다. 그러나 아는 사람은 글자를 이렇게 쓰던지 저렇게 쓰던지 그 사람 마음을 보고 꼭 맞는 답변을 할 수 있게 되어 있는데, 바르게 답변하여도 상대방이 이해하지 못하면 도리어 그런 말을 하는 사람이 바보천치가 되게 된다. 그래서 도인들은 종종 묵빈이대(默賓而對)하는 것이다.

세상 이치로 보아서는 바보천치가 아닌데 진리의 입장에서 보면 도리어 바보천치가 되기 때문이다.

이 세상에서 바른 길을 가르쳐 주어도 알지 못하는 사람이 있어 차라리 말을 잊어버리고 괴상한 행을 하는 사람이 있으니 불자

가운데 그런 사람들을 골라 몇 사람 적어 본다. 웃어도 좋고 울어도 좋다.

"이 세상 누가 바보이고 천치인가."

때로는 영웅호걸이 바보천치가 될 때도 있고 때로는 거리 노승이 바보천치가 될 때는 있다. 그렇다면 이 글을 읽는 사람은 바보인가 천치인가. 거미는 허공 가운데 그물을 치는 재주가 있고 새는 하늘을 날으는 재주가 있는데. 도리어 물 속을 헤엄치는 고기를 보고 이상하다고 한다. 머리를 하늘로 쳐들고 사는 사람들아, 어찌하여 두 눈을 가졌으면서 볼 것을 제대로 보지 못하고 두 귀를 가졌으면서도 들을 것을 제대로 듣지 못하고 딴 소리 하는가.

그래서 구멍이 둘이나 뚫린 콧구멍으로 숨을 제대로 쉬지 못하고 가슴을 치고 죽어가는 사람도 있다. 아무리 생각하여도 그 까닭을 알 수 없으니 하나밖에 없는 입을 막고 나도 말을 못하고 숨넘어 간다.

갑오년 해지는 날 편자 씀

목 차

제2편 중도 소도 아닌 사람들

제3편 바른 스승과 그른 스승

제1편

바보스님과 천치스님

제1편 바보스님과 천치스님

바보천치들의 행진

이 세상은 바보들의 행진이다.
바보이면서도 바보인줄 모르면 천치,

세상이 거꾸러져 있는 것을 모르고 물속에 드리워진 달 그림자를
보고 찾아들어갔다가 아직까지 나오지 못하고 있는 원숭이들도
있다.

남편, 자식들의 화장한 재를 머리에 이고 산꼭대기까지 올라갔는
데 천년이 넘었는데도 아직까지 돌아오지 않는 사람도 있다.

부모님께서 물려준 재산을 강물에 던져 버리고 치렁치렁한 머리로
호미 들고 천하를 주유하며 소처럼 살다가 개처럼 죽어간 사람도
있다.

이 사람 가운데 누가 더 바보이고, 누가 더 천치인가는 바보천치
가 되어 보아야 안다.

바보를 바보로 알고 천치를 천치로 볼 줄 아는 사람, 그러면서도
정작 자기를 모르는 사람이 있으니 이 사람이 바보이고 천치이다.

모기 참새들이 주고받은 이야기

걷고 걸어서 구름낀 계곡으로 들어가니
저절로 된 골짜기 홍진(紅塵)을 벗어났다.
이미 모기 벼슬과 참새 관직을 벗어났으니
일찍이 나비로 고관을 희롱했던가.

굽어보고 우러르며 조화를 물리치고
죽고 사는 것, 얻고 잃는 것,
하늘의 조화에 맡겼더라.

고맙게도 선사가 눈속에서 술을 사와
산속에서 하루 동안 봄을 빌려주더라.

이상국(李相國)이 각월(覺月)스님을 만나 읊은 시다.

종족과 성씨를 알 수 없으니 묵행자(墨行者)요
나이 50이 되었어도 나이를 모르니 만날 청춘이다.
깎은 머리에 두타행(頭陀行)을 하고
경을 쓰면서도 읽지 않고 예불도 하지 않는다.
종일토록 멍하니 앉아 말이 없으니 묵수좌(默首座)라 부르더라.

안부를 물어도
귀천에 관계없이 눈을 들어 보이는 일이 없고
이름을 물어도
어디서 왔느냐고 물어도 응하지 않고
귀정사(歸正寺) 다른 구역에 그렇게 살고 있었다.

어느 때 귀성(龜城)에 갔다가
어떤 도인의 말을 들으니
겨울에도 하나의 좌구만 놓고
납의(衲衣) 하나만 걸쳤는데

얼어붙은 구들 위에 앉아서
추운 기색도 들어내지 않고
후학들이 와서 책을 펴 물으면
열어 보이지 않는 곳이 없었다.

바야흐로 대한(大寒)에 이르러
죽을까 두려워 출타한 틈을 타
심부름 하는 놈이
잔가지 땔나무로 구들을 데워 놓았더니
행자가 돌아와 기쁨 기색도 없이
돌멩이를 주워 아궁이를 막고
진흙으로 그 틈을 막아
회칠하여 발라버렸으니
그로부터 다시 불을 때지 못했다.

밥 때가 되면
겨우 채소 한 두 가지를 먹고

장(醬)을 먹지 않았다.
오후 식사도 먹게 되면 먹고
혹 7,8일 9,10일을 먹지 않고
이름난 곳을 다녀와
"내 가서 보아도 말 한마디 없데"
하였다.

을축년 시월
굴암사(窟巖寺)에 놀러가니
스님들이 말했다.

요즈음 묵행자가
척전암(陟顚巖)에 놀고 있는데
몸소 돌을 지고 계단을 쌓아
새 길이 났습니다.

산 아래서 굴까지
300여 층계를 설치하였으나
돌 하나도 흔들리는 것이 없습니다.
식사 때가 되어
북소리를 울리면
번개처럼 내려와 밥을 먹었는데
10여일이 지나도록 내려오지 않아 올라가보니
오직 시 한 수가 붙어 있었습니다.

"귀신이 북방으로부터 와서
이 성에 모이기 때문에 성으로 들어간다."

낮에는 숨었다가
저녁이면 나타나는데
푸른 불빛이
때로는 인가에 들어가고
때로는 정원 나무에 모이며
때로는 공중에 날아다니기도 하여
성 사람들이 악기를 두들겨 밤잠을 자지 않았다.

후에 스님 익분(益芬)이 나에게 말했다.
"근래 삼각산에 가서 행자의 안부를 살피니
작은 병도 없이 잘 지냈습니다.
마을사람들이 갈까 두려워
머무는 초가집을 보수, 밤낮으로 보호하니
수행자는 추위와 더위에 관계하지 않고
먹고 입는데 걸림이 없어야 하는데
그대들이 나를 궁전에 가두니
공경대부가 두렵고 복이 엷어질까 걱정이다."

하고 간 곳이 없었습니다.
그래서 문선사(文禪師)가 곡했다.

"세상이 불도의 대덕 현인을 잃었구나.
공연히 여악(廬岳)의 백련사는 헛되지 않고
다시는 화정(華亭)에 달 실은 배를 띄울 수 없게 되었네.

듣건대 시평(詩評)이 있다 하나 볼 수 없고
겨우 엮던 고승전을 마쳤으니
장차 후학들은

누구에게 의지하여 십현(十玄)을 보게 할까!"
이 책이 저 유명한 해동고승전이요
그 스님이 바로 각훈(覺訓)스님이다.

바보 지팡이와 천치 실(天痴絲)

어떤 스님이 상좌 하나를 두어 귀하게 기르고 있었는데, 하루는 아침 공양을 하고 나서 혼자 말하였다.
"오늘은 장에 갔다 와야겠구나."

이 말을 들은 상좌는 밥을 먹자마자 지게를 짊어지고 장으로 갔다. 종일토록 기다려도 오지 않더니 저녁 늦게서야 왔다.
"어데 갔다 왔느냐?"
"장에 갔다 왔습니다."
"뭐하러 갔다 왔느냐?"
"스님께서 장에 갔다 와야겠다고 하시지 않았습니까!"
"그래 이놈아. 장에 갈 때는 무엇을 사 가지고 올 것인지 물어서 가야지 그냥 갔다 온단 말이냐!"
하고 나무랜 뒤 바보지팡이라 써진 지팡이 하나와 실오라기 하나를 가지고 와 손목에다 묶어 주면서 말했다.
"이 세상 너보다 더 미련한 놈이 있거든 그 사람에게 이것을 전해주어라."

상좌는 10년 이상을 벼르고 벼르며 찾았어도 자기보다 더 미련한 중을 만나보지 못하였으므로 뒷방에다 점잖게 모셔놓고 손목에 묶여 있는 실을 볼 때마다,
"언제나 이것을 전해줄꼬."
걱정하였다.

그런데 하루는 나무를 해가지고 짊어지고 들어오니 한 스님이 말했다.

"큰일났다. 너의 스님께서 돌아가시게 되었다."

상좌는 놀라 나뭇짐을 부려놓고 부랴부랴 스님 방으로 뛰어 들어갔다.

"스님 돌아가시게 되었다 하는데 왜 질러서 가지 않고 돌아가시려 합니까?"

"나도 알 수 없다."

"노자돈은 얼마나 듭니까."

"가봐야 알지. 내가 어찌 그것을 알겠느냐!"

"이제가면 언제 오시렵니까?"

"그것도 마찬가지다."

"스님 조금만 기다려 주십시오."

하고 뛰어 들어가 골방 위에 놓여 있던 바보지팡이와 천치 실을 가지고 와서 스님 손에 꼭 쥐어드리면서,

"이것은 꼭 스님 것입니다."

하고 실을 스님 손목에 묶어드렸다.

거리의 포교사 포대화상(布袋和尙)

포대화상은 중국 계차 명주 봉화현 사람이다. 몸이 뚱뚱하고 이마는 찡그리고 배는 늘어져 이상한 모양을 하였으며, 말이 일정치 않고 아무데서나 눕고 자고 하였다.

언제나 지팡이에 자루 하나를 걸치고 소용되는 물건은 모두 그 속에 넣고 가지고 거리를 돌아다니면서 무엇이고 보면 달라고 하였다. 먹을 것은 무엇이나 주면 먹으면서 조금씩 나누어 그 자루에 넣곤 하였으므로 사람들이 별호를 지어 "장정자(長汀子)" 또는 "포대화상"이라 불렀다.

사람들의 길흉화복이나 날씨 등을 미리 말하는데 맞지 않는 일이 없었다.

일발천가반(一鉢千家飯)
고신만리유(孤身萬里遊)
청일도인소(靑日都人少)
문로백운두(問路白雲頭)

발우 하나로 천 집의 밥을 빌며
외로운 몸 만 리에 유행하네.
맑은 날에는 보기 어렵고
어디 가느냐 물으면 흰 구름을 가르킨다.

평생을 이렇게 걸림없이 살다가
양나라 정명 2년(916) 3월 명주 악림사 동쪽 행랑 밑 방석에 단정히 앉아 노래 부르고 죽었다.

미륵진미륵(彌勒眞彌勒)
분신백천억(分身百千億)
시시시시인(時時示時人)
시인자부식(時人自不識)

미륵, 진짜 미륵은
백천억 몸을 나투어
때때로 사람들께 보이지만
사람들은 스스로 알지 못한다.

이 때야 사람들은 그분이 비로소 미륵부처님의 화현인 줄 알고 받들었다.

지금 중국불교의 모델승상은 바로 이 스님이 되어 절에 들어가는 곳마다 입이 떡 벌어진 모습을 하고 백자동(百子童)들이 허리 어깨 머리에 매달려 놀고 있는 모습을 하고 있으니 어쩌면 이것이 이 시대 미륵부처님의 진상(眞相)인지도 모른다.

얼굴보다 발이 흰 백족화상(白足和尙)

백족화상의 원래 이름은 담시(曇始)다. 발이 얼굴보다 희기 때문에 백족화상이라 불렀다. 맨발로 진흙물을 건너도 발에 흙이 묻지 않았다.

진(晋) 태원 말년에 경율 수십 권을 가지고 요동에 와서 교화하였는데 때는 광개토대왕 5년 진(秦)나라에서 부견이 불상과 불경을 보낸 지 25년 되던 해라고 양승전(梁僧傳)에 기록하고 있다.

진(晋)나라 의희(義熙) 년간(505~418) 왕호(王胡)가 돌아가신 삼촌이 꿈속에 나타나 지옥속을 구경시켜주면서,
"인과를 믿고 선업을 지으라. 절을 지어 백족화상을 섬겨 모시면 이런 과보를 받지 아니할 것이다."
하였다. 그래서 가까스로 백족화상을 찾아 섬겨 모셨는데, 흉노(匈奴) 혁련발발(赫連勃勃)이 관중을 습격하여 무수한 사람을 죽이고 스님들도 해쳤으나 죽지 않았으므로 놓아주었다.

스님은 산속에 들어가 두타밀행(頭陀密行)을 닦았는데 그 때 박릉(博陵) 최호(崔浩)가 좌도(左道)를 익혀 불교를 시기 질투하여 천사 구겸지(寇謙之)의 말을 듣고 대평 7년 사방으로 군대를 놓고 절을 불사르고 스님들을 잡아들였다.

스님은 깊은 산속에 있다가 비로소 도(척발도)를 제도할 시기가
온줄 알고 정월 초하룻날 주장자를 짚고 궁궐문으로 들어갔다.
유사가 아뢰었다.
"발이 얼굴보다 흰 스님이 궁중에 들어왔습니다."
"용맹한 군대를 시켜 목을 베라."
그래서 척발도가 나서 날카로운 칼로 쳤으나 붉은 줄만 그어질뿐
몸이 잘려지지 않았다.
"동산 북쪽 호랑이 우리속에 갖다 던져 주라."
스님이 우리속에 들어가니 호랑이들이 모두 웅크리고 엎드려 접근
하지 아니하였다. 시험 삼아 천사 1인을 우리속에 집어넣으니 즉
시 호랑이가 물어뜯어 먹어버렸다.

이에 도가 놀라워 곧 스님을 받들어 상전(上殿)에 오르니 상전이
스님의 발 아래 엎드려 참회하였다.
그러나 그는 얼마가지 않고 과거의 업보로 나쁜 병에 걸려 죽게
되자, 최호와 구겸지를 모두 잡아 죽이고 그 가족을 몰살한 뒤 손
자인 준(濬)에게 자리를 물려주어 불법을 받들게 하였다.
스님은 그 뒤 어디로 갔는지 알 수 없다.

곤강에 불이 일어나서
구슬과 돌이 함께 타고
서리가 초야에 혹독하니
쑥과 난초가 한꺼번에 시들었다.

스님의 어려움과 험난함은
진실로 위태로웠으나
비록 나무를 베어내고 풀을 끊어
자취를 없애더라도 비교할 수 없었다.

숨었다 나타나는 것은 청산의 구름과 같고
이즈러졌다 찬 것은 초하루 보름달빛과 같다.
몸을 던져 나쁜 사람을 구제하니
우리속에 호랑이도 감격하였다.

〈해동고승전〉

고구려 성왕(聖王)이 요동성을 순회하다가 오색구름이 땅에서 솟
는 것을 보고 구름속으로 들어가 보니 한 스님이 지팡이를 짚고
서 있었다. 가까이 가니 문득 사라지고 없어 옆에 사람들께 물었
으나 아는 사람이 없었다. 다시 물러나서 보니 3층 석탑이 어른거
려 그 자리를 파보니 지팡이와 신발이 나왔다. 거기 범어로 글이
쓰여 있는데,
"전륜성왕 아육(阿育)이 세운 것이다."
하였다. 그래서 그 탑을 "요동성의 아육탑"이라 이름지었다.

불전(佛典)에 보면 불멸 후 백년경 아쇼카왕이 인구 100만 단위의
도시나 국가마다 부처님 탑을 세워 사리(舍利)를 봉안하였다 하였
는데, 어쩌면 그 때에도 그 정신을 가진 사람이 고구려 땅에 그런
탑을 세운 것이 아닌가 생각한다.

한국인의 묘지 봉우리는 모두 이 육왕탑의 복발(覆鉢)을 본딴 것
이다.

장기도인 도림(道琳)스님

장수왕 63년(475) 가을(9월) 고구려왕 거련(巨璉)이 백제를 쳐 백제왕 여경(餘慶)을 죽였는데, 그 때 그 일을 도모한 사람은 고구려 스님 도림이었다.

거련(장수왕)이 백제를 치고자 마음먹었으나 엄두를 내지 못하고 있을 때 승려 도림이 그 마음을 알고,
"신이 비록 무능하나 나라를 위해 큰일을 일으켜 볼까 합니다."
하자, 이에 사자의 위를 주어 백제에 들어가게 하였다.

사방으로 돌아다녀 백제의 구도(構圖)를 짐작하고 왕성에 이르러 바둑 장기 두는 곳을 찾아다녔다. 백제왕 여경이 바둑 장기를 좋아하는 까닭이다. 도림이 장기 두는 옆에 앉아 훈수도 하고 맞수가 되기도 하여 여러 차례 이기어 소문이 나 왕이 불렀다. 한번 두고 두번 두어 그 묘수(妙手)를 알게 되자 상객(上客)으로 대접하여 날마다 함께 놀게 되었다.

하루는 대왕이 물었다.
"그대의 소망이 무엇인가?"
"저는 외국 사람으로 백제를 구경코자 왔는데 한바퀴 돌아보니 산세 물세가 좋아 부자로 잘살 수 있는 나라였습니다. 그러나 산성이 허물어지고 궁실이 퇴락하여 볼품이 없으니 어찌 선왕인들 기뻐할 수 있겠습니까?"

이 말을 듣고 여경은 농번기에 사람들을 동원하여 흙으로 성을 쌓고 궁실을 수리하고, 더 나아가서는 조상들의 묘지를 손보니 초가을부터 곳간에 쌀이 비고 전답에 풀이 우거지자 백성들이 원망하였다.

"그리 바쁘지 아니한 일인데도 바쁘게 서둘러 세상을 곤궁케 하니 나라가 망하게 되었도다."
이 소식을 듣고 장수왕이 군대를 몰고 백제를 침범하니 백제는 하루아침에 멸망하고 말았다.

부처님의 가르침은 전쟁을 방지하고
승패를 논하지 말게 하였는데
이 미련한 도림스님은
어찌하여 자기나라를 위해
남의 나라를 망하게 하였는가.

옛적에 데바닷타가
자신의 명예와 출세를 위해
교단을 둘로 나누더니
고구려 도림스님은 스님답지 아니한 행동으로
천하의 모든 중을 간첩의 누를 쓰게 하였으니
슬프다. 이 어리석은 중아
어찌하여 앞만 보고 뒤는 보지 못하는가.

그 뒤 고구려는 문자왕 때(497) 금강사를 짓고 양원왕 때(551) 혜량법사를 신라에 보내고, 평원왕 때(576) 의연(義淵)을 중국에 보내 불법을 구했으나 영유왕 때(625) 당나라로부터 노자교를 받아들여 승패를 겨루므로 고구려 스님 보덕(普德)은 백제 완산 고대산(孤大

山)으로 가 고구려가 망하는 것을 보았다. 또 고구려 스님 덕창(德
昌)은 보장왕 원년(642) 신라에 갔다가 간첩으로 몰려 죽었다.

시 잘 짓는 방기사(方棄捨)

방기사는 일찍이 해골을 감정하여 전생과 미래의 업을 점을 치는 유명한 점술가였다. 그런데 하루는 부처님께서 보낸 아라한의 해골을 종일토록 두들겨도 그의 거처를 알 수 없자 물었습니다.
"이는 세상에 태어날 수 있는 존재가 아닙니다."
"아라한은 이미 생사를 해탈하였기 때문에 유전(流轉)할 수 없다."
이에 방기사는 스스로 부족함을 깨닫고 출가하였다.

그래서 방기사존자는 알라비에 있는 악갈라바 승원에서 그의 스승 니그로다 깟빠와 함께 있었다. 출가한지 얼마 되지 않아 새내개로 절을 지키고 있었는데, 많은 여인들이 잘 차려입고 절 구경을 온 것을 보고 갑자기 욕정이 일어났다. 그래서 좋은 생각을 일으키기 위해 시를 지어 읊으면서 억지로 참고 견디었다.

"집에서 집없는 곳으로 출가하였으나
어둠에서 오는 나쁜 생각이 나를 엄습해오네.
훌륭한 사수인 귀공자는 잘 숙련된 활을 가지고
겁 없는 사람들이 천 명이 에워싼다 하더라도 걱정하지 않듯
나는 그 이상의 여인들이 온다 할지라도
나를 괴롭히지 못하리.
나는 바른 가르침에 안주하고 있으니….

태양신, 후예신, 부처님, 그 자신의 입을 통해
열반으로 이르는 길을 내 마음은 그곳에 머물러 즐겁네.
이처럼 살고 있는 나에게 악마의 네가 있더라도
그 때 네가 나의 길을 알지 못하게 하리라.

〈SN Ⅰ-185, 雜阿含 45권, 大正2-331-1215〉

그런데도 존자 방기사는 그의 스승과 함께 있다가 스승이 밖에
나간 사이 이상하게도 욕정이 치밀어 올랐다.
방기사는 스스로 자신을 꾸짖으며 또 노래 불렀다.

"즐겁고 즐겁지 않은 집에 매인 모든 걱정 털어버리고
욕망도 경향도 없는 자 그가 참으로 수행승이네.
땅과 하늘 용궁에 이르기까지 모든 모습 지닌 것을
어떤 것도 모두 덧없으며 늙어가네.

사람들은 모두 집착의 대상,
보고 듣고 깨닫고 생각하는 것에 묶여 있네.
바라는 바 없이 이 세상에 욕심 없애
거기 물들지 않는 사람을 성자라고 한다네.

여섯 가지 감각에 머물러 사유하며
범부인 까닭에 가르침 아닌 것에 집착하네.
그러나 그에게는 어디에도 파벌이 없으며
그 수행승은 번뇌에 사로잡히지 않네.

유능하고 오랜 세월 선정을 닦은
거짓 없이 총명하고 시기함이 없는
성자는 평안의 경지에 도달해서

참 열반에 의지하여 그대를 기다리네."

<SN Ⅰ-186, 雜阿含 44권, 大正2-330-1193>

방기사는 종종 그 재주 때문에 다른 수행자들을 얕잡아 보며 업신여겼다. 그래서 스스로,
"이것은 스스로 내가 고쳐야 될 것이다."
하고 참회의 노래를 읊었다.

"고따마의 제자여, 교만심을 버리고 교만의 길을 걷지 말라.
교만의 길에서 방황하는 자도 오랜 세월 후회한다.
위선으로 더럽혀진 사람들, 교만한 자는 지옥에 떨어진다.
오랜 세월 걸쳐 괴로워 하니 교만한 자는 지옥에 떨어진다.

올바른 수행자, 바른 길 가는 자,
수행승은 결코 슬프지 않네.
명예와 지복을 누리는 진실로 법락자,
마음 황폐함 없이 정진하니 맑게 장애를 제거하고
남김없이 교만 없애 지혜로 멸진정 얻으리 - ."

<SN Ⅰ-187, 雜阿含 45권, 大正2-331-1216>

아난 존자가 아나타삔디까 승원에 있을 때 존자 방기사와 함께 사밧티로 탁발 나갔는데 방기사가 욕정을 일으켰다.
방기사가 아난다에게 말했다.

"나는 애욕에 불탄다. 욕정의 불을 끄는 법을 일러다오."
"지각의 전도에 의해서 불타나니 아름다운 여인의 모습을 피하라.
지어진 것은 모두 남의 집, 자기 것 아닌 것을 깨달아
타오르는 불꽃을 자꾸만 꺼야 하리.

통일된 마음 삼매에 들어
호감있는 대상을 통해 마음 닦아야 하네.
그대 몸 주의를 기울여라.
완전히 쾌락을 싫어 떠나야 하나니
상없는 마음 닦아 거만 성격 고치고
교만한 본질 잘 알면 고요해지리."

〈SN Ⅰ-188, 雜阿含 45권, 大正2-331-1214〉

부처님께서 아나타삔디까 승원에 계실 때 수행자들에게 네 가지
특징 갖춘 말씀을 가르쳤다.
① 훌륭한 것만 말하고 나쁘게 설해진 것 말하지 않는다.
② 가르침만 말하고 가르침 아닌 것은 말하지 않는다.
③ 사랑스러운 것만 말하고 사랑스럽지 아니한 것은 말하지 않는다.
④ 진실한 것만 말하고 거짓은 말하지 않는다.

그 때 방기사가 말했다.
"스스로 괴롭히지 않고 다른 사람도 다치게 하지 않는 말,
잘 설해진 말이고
좋은 말 좋아하고 불화를 가져오지 않는 말,
사랑스러운 말이니
진실은 부사의 말,
그것은 영원한 가르침 진실 속에 훌륭한 것들이 있다네.
열반에 이르기 위해서 괴로움 종식시키기 위해서
부처님 말씀 편 안락한 말씀, 그 말씀 참으로 최상이네."

〈SN Ⅰ-188, 雜阿含 45권, 大正2-332-1218〉

수행승들은 우아하고 유창하고 장엄하고 뜻을 잘 전달하는 말로
설법·교화·훈계·경례하여 모두를 기쁘게 하는 싸리붓다가 아나

타삔디까 승원에 있을 때 방기사가 시로써 칭찬하였다.

"깊은 지혜 슬기롭고 길과 길 아님을 잘 알고
큰 지혜 가진 싸리붓다는 수행자들에게 가르침을 설하네.
간략하게, 상세하게,
구관조의 소리처럼 자유자재한 말솜씨로
매혹적이고 듣기 좋은 미묘한 목소리로 가르침을 내릴 때
그 소리 듣고 수행승들은
한껏 고무되어 기뻐 귀 기울인다네 - ."

〈SN Ⅰ-189, 雜阿含 45권, 大正2-329-1210〉

부처님께서 싸밧티 뽑바라마 미가라마뚜 강당(죽림정사)에 계실
때 500나한들과 함께 있었다.
그 때 세존이 물었다.
"그대들이 볼 때 나에게 고쳐야 할 말이나 행이 있는가."
싸리뿟다가 말했다.
"없습니다. 저희들에게도 비난 받아야 할 일이 있으면 일러주십시오."
"없다. 그대는 슬기로운 사람, 큰 지혜인, 넓은 지혜인, 명쾌한 지
혜인, 민첩한 지혜인, 예리한 지혜인, 통찰의 지혜인, 마치 큰 왕
자가 아버지에 의해 굴려진 수레를 바르게 굴리는 자와 같다."
"그렇다면 저들 500 수행자들은 어떠합니까?"
"저들 가운데 60명은 3명(明)을 했고, 60명은 5신통을 했고, 60명
은 해탈하고 또 다른 사람들도 마찬가지다."
그 때 방기사가 노래 불렀다.

"오늘 밤 청정을 위해 500명의 수행자들이 모였네.
절박과 속박을 끊고서
동요하지 않고 다시 태어나지 않는 선인들,

마치 전륜성왕이
대신들에 둘러싸여 바다로 이어진 대륙을 둘러보는 것처럼
전쟁에서 이긴 대상의 지도자,
위없는 분과 3명 6통한 제자들께 예배하네.
모두가 세존의 아들이라 쭉정이는 없습니다.
나는 태양의 후예로써
갈애와 화살을 부셔버린 이에게 예배드립니다."

〈SN Ⅰ-190, 雜阿含 45권, 大正2-330-1212〉

부처님께서 아나타삔디까 승원에 계시면서 1,250명 수행승들에게
열반에 대해 법문하였다. 모두가 뜻을 바로 이해하고 숙고 집중해
귀 기울이고 가르침을 들었다. 그 때 이 광경을 지켜보고 있던 방
기사가 노래 불렀다.

"천 명 이상의 수행승들이
아무런 두려움 없는 열반에 대한 진리를 듣고
바른길 가시는 님을 받들어 모시네.
세존은 용왕, 신선 가운데 신선,
마치 구름 속에서 비가 내리듯
티없는 가르침을 내려주시는 어른이시여,
당신은 수행승들의 무리로부터 존경받아야 마땅합니다."

부처님께서 물었다.
"그것은 습작인가 아니면 즉흥작인가?"
"즉흥작입니다."
"또 노래할 수 있는가?"
"예, 할 수 있습니다."
하고 즉시 노래 불렀다.

"죽음의 신,
사악한 길을 극복해 마음의 황폐를 쳐부수고 지내네.
속박에서 해탈을 하려고 집착 없이 나누어 주는 것을 보라.
거센 물결 벗어나게 하기 위해 여러 가지 길을 가르치고
불사의 세계에서 진리를 본 자는 흔들림 없이 살아가네.

꿰뚫어 비추어 보는 사람 모든 경지에서 초월한 사람
그것을 알고 실천한 뒤
5력(力 : 信·勤·念·定·慧) 가운데
최상을 말씀하셨네.

이 말씀 듣고 누가 나타날 것인가.
그러므로 나는 세존의 가르침에 관해
부지런히 예배하며 따라 배우네."

〈SN Ⅰ-192, 雜阿含 45권, 大正2-332-1219〉

부처님께서 라자가하 벨루나바촌에 계실 때 오랜만에 양냐씨 꼰당냐가 찾아왔다. 가까이 다가가 두 발에 머리를 조아려 입 맞추고 두 손으로 올려 앉은 뒤
"세존이시여, 제가 꼰당냐입니다."
하는 것을 보고 방기사가 노래 불렀다.

"부처님 따라 깨달으신 분, 장로 꼰당냐,
엄하게 정진하여 안락한 삶을 혼자 한다.
스승의 가르침을 따르는 학인이
성취할 수 있는 그 어떠한 것을
정진하여 따라 배웠기 때문에 그 모든 것이 이루어졌네.
계·정·혜 3학에 정통하고 다른 사람의 생각을 꿰뚫어 본

위력을 지닌 부처님 제자 꼰당냐가
스승의 두 발에 예배드리네."

〈SN Ⅰ-193, 雜阿含 45권, 大正2-329-1209〉

부처님께서 라자가하 이씨길리산 검은 바위 위에 50명의 수행자들과
함께 계셨다. 그 때 방기사가 부처님 앞에서 마하 목갈라나에 대해
노래로써 칭찬하였다.

"산허리의 길에 앉아 계신 괴로움 극복한 슬기로운 분,
3학에 정통한 죽음 이겨낸 학인들이 공경히 모시네.
신비로운 힘 지닌 목갈라나는 그 마음 깊이 살펴
그들의 마음을 완전히 해탈케 하고
장애가 없다는 것을 알고 있네.
모든 덕의 지혜를 갖추고 괴로움의 저 언덕에 이르러
무수한 능력을 갖춘 고따마 붓다를
그들은 공경히 모시고 있네."

〈SN Ⅰ-194, 雜阿含 45권, 大正2-329-1211〉

부처님께서 짬바(曇婆)주 각가라 연못 옆에서 7백 명의 남자 신
도, 7백 명의 여자 신도, 수천 명의 천인을 거느리고 500제자와
함께 계셨다.

그 때 방기사가 시로써 그들을 찬양하였다.
"구름이 걷힌 하늘 달처럼 오염되지 않은 태양처럼 빛나네.
그대 위대한 성자 앙기라싸는
영광스럽게 온 세상을 비추네."

〈SN Ⅰ-195, 雜阿含 45권, 大正2-329-1208〉

부처님께서 아나타삔디까 승원에 계실 때 존자 방기사는 거룩한
이가 된 지 얼마 되지 않아, 해탈의 행복을 즐기면서도 이와 같은
시를 읊었다.

"마을에서 마을로 도시에서 도시로
시 한 수에 도취되어 방랑하였네.
다행히 올바로 깨달은 이를 만나서
그 분에 대한 믿음이 나타나,
존재의 다발과 인식의 영역에 대해 나는 듣고 나서
그릇된 것을 알고 출가, 많은 사람의 이익을 위하여
자재의 생활을 하면서 올바른 깨달음을 얻었네.

내가 부처님 곁에 있을 때 그는 나에게 아름다운 벗이었네.
3학을 체득하고 가르침을 실천에 옮겨 전생의 삶을 알고,
하늘 눈을 밝히니 신통력을 갖추고
남의 마음을 꿰뚫어 보게 되었네."

〈SN Ⅰ-196, 雜阿含 45권, 大正2-331-1217〉

총령의 도인 무루(無漏)스님

무루스님은 성이 김씨이며 신라국 왕의 차남이다. 어려서 커다란 배를 타고 중국에 도달하였는데, 5천축을 유람하며 8탑을 예배하고자 하였다. 사막을 건넌 뒤 우전국을 지나 서쪽으로 총령(파미르 고원)에 도착하여 대가람에 들어갔다.

그곳의 비구들은 예측하기 힘든 스님들이었는데, 무루에게 천축으로 가려는 뜻을 물으며 말렸다.
"아무리 뛰어난 절개를 가진 이도 천축으로 갈 수 없었으므로 승려는 무루에게 '옛 기록에 이름이 나지 않으면 가지 못한다고 했다. 이곳에는 독룡이 사는 연못이 있는데 그곳에 가서 독룡을 교화하여 징험이 있으면 비로소 건널 수 있다'고 하였다."

이에 무루가 청에 의해 연못의 언덕에 오르자, 호마(서역에서 건너온 참깨) 한 포기만 보였다. 이것을 거점으로 삼고 앉아 밤이 되면 장차 독룡을 베어 버리려고 하였다.
천둥과 번개가 번갈아 일어나면서 그 괴물이 기운을 토하자 바람이 일며 갖가지 변화가 일어났는데, 눈이 부실 지경이었다. 무루는 눈을 감고 앉아 꿈쩍도 하지 않았다. 오랜 시간이 지난 뒤에 보니 거대한 뱀이 고개를 쳐들고 무릎 위에 있었다. 무루가 지극히 불쌍히 여겨 삼귀를 주어 보냈다. 그런데 다시 노인의 모습을 하고 와서 감사의 뜻을 표했다.

"스님의 은혜를 입어서 뱀의 형상을 벗고 제도를 받았으니 마땅히 오래 머무를 수 없습니다. 제가 3일 후에 비늘이 덮인 고통을 벗고 수승한 곳에서 다시 태어날 것입니다. 여기서 남쪽으로 가면 반석이 있는데, 그곳이 이 제자가 형상을 버릴 곳입니다. 죄송하오나 유해를 찾아 거두어 주시면 고맙겠습니다."

무루가 묵묵히 허락하자 말했다.
"반드시 천축에 가고자 하는 이는 여기 있는 관음상에 기도해야 합니다. 기도하면 영검이 있으므로 기도하며 고해야 합니다. 그러면 길상의 조짐을 얻을 것이니 또한 의심해서는 안됩니다."

이에 무르는 관음성상 앞에 서서 선정에 들었다. 이와 같이 49일이 지나자 몸에 종기가 났는데, 거의 몸을 지탱할 수가 없었다. 갑자기 탄환만한 쥐새끼가 나타났는데, 왼쪽 정강이를 깨물자 여러 말 되는 황색의 엷은 고름이 흘러나와 종기가 말끔히 나았다. 때가 되어 무루가 감응을 얻은 것이다.

많은 승려들이 그에게 말했다.
"스님의 교화 인연을 살펴보니 마땅히 당나라 땅에 있어야 합니다. 마음을 중생을 교화하는데 두시면 이로운 바가 더욱 많을 것 같습니다. 발이 고달프도록 여러 곳을 유람하면서 헛되이 견문만 넓히신다고 한들 억지로 교화할 수 없는 것을 스님께서는 알아야 합니다."

무루는 성현의 말씀이 반드시 헛된 말이 아니라고 생각하고 바로 되돌아왔는데, 갈 때가 되자 노인이 무루에게 말하였다.
"난(蘭)을 만나면 그곳에 멈추십시오."
돌아오는 길에 산의 이름에 '난'자가 들어간 곳(賀蘭山)이 있었다.

말이 앞의 일을 기억해 내고는 드디어 그 산에 들어가니, 백초곡(白草谷)을 찾아내고 띳집을 짓고 머물렀다. 얼마 뒤에 안사(安史)의 병란이 일어났다.

숙종이 영무(靈武)에서 병사를 훈련시키면서 금빛이 나는 사람이 어전에서 보승불을 염송하는 꿈을 여러 번 꾸었다. 그 다음날 꿈속의 일을 측근 신하들에게 물었다. 어떤 신하가 말했다.
"한 사문이 있는데 그 행적이 이 산에 있는 어떤 자보다 훨씬 뛰어납니다. 항상 그 부처님의 명호를 염송(念誦)합니다."
그 승려를 불러오자 황제가 보고는,
"참으로 꿈에 본 그 사람이다."
하고 궐내의 사찰에 모시고 공양하였는데, 무루가 임금께 표장을 올려 옛 땅으로 돌아가 은거하고 싶다고 하였다. 황제가 마음으로 더욱 귀중하게 여겼으므로 산으로 돌아가지 못하였는데, 갑자기 입멸을 보일 것이라 했다.

어느 날 홀연히 궐내의 오른쪽 문짝 위에 두 발의 형상을 나타냈는데, 땅에서 수척이나 떨어져 있었다. 대궐의 문지기가 그 일을 아뢰자, 임금께서 보련을 타고 친히 그 자리에 와서 남겨 놓은 유표를 보았는데, 옛날에 숨어 살던 산 아래에 장례를 치러줄 것을 간청한 내용이었다. 즉시 그 뜻에 따라서 사산을 보내 감호하고 인도하도록 하였다. 이보다 앞서 무루가 회원현에서 교화를 많이 행하였으므로, 그곳에 관아를 설치하고 하원(下院)이라고 하였다. 사영이 여기에 이르자 신좌(神座)를 들어 올릴 수 없었다. 중론에 따라 안으로 모시고 들여오고 별도로 당우를 지어 안치하였다. 지금도 그 모습이 단정한 채로 있다. 일찍이 변하거나 흐트러짐이 없었다.

숲속의 도인 무상(無相)스님

승려 무상(無相)은 신라국 사람이며 신라왕의 셋째 아들이다. 현종이 불러서 보고 선정사에 머물도록 하고 무상이라 불렀다. 마침내 깊은 계곡에 들어가 바위 아래에서 좌선을 하였다. 검은 송아지 두 마리가 있었는데, 앉아 있는 자리 밑에서 뿔을 마주 댄 채 빙빙 돌면서 몸 가까이 다가와 매우 위태로웠고 얼음처럼 차가운 털 복숭이 손(毛手)을 스님의 소매에 넣고 몸을 더듬으면서 배에까지 이르렀다. 그러나 무상은 꿈쩍도 하지 않았다.

늘 선정에 들 때마다 대부분 5일을 기한으로 했는데, 눈이 많이 내리자 맹수 두 마리가 다가왔다. 그러자 무상은 스스로 깨끗이 씻고 맹수 앞에 발가벗고 누워서 몸을 보시해 먹이가 되기를 원했다. 그러나 두 마리 맹수는 머리부터 발끝까지 냄새를 맡으면서 빙빙 돌다가 그냥 가 버렸다. 간혹 밤중에 침상 아래에 앉아 호랑이의 수염과 털을 쓰다듬었다. 산에 거주한 지 오래 되자, 의복은 남루해지고 머리는 길게 자라났다. 사냥꾼은 스님을 이상한 짐승으로 의심해 문득 쏘려고 하다가 멈추곤 하였다.

또한 정사를 어지러운 묘지 사이에 짓고 사니 성도 현령 양익(楊翌)은 그가 사람들을 현혹한다고 의심하였다. 이에 그곳에 와서 포졸 20여 명에게 명해서 그를 잡아끌고 가게 하였다. 그들이 무상의 몸 가까이에 다가가자 하나같이 다 전율을 느끼면서 정신을 잃었다. 잠시 후 큰 바람이 갑자기 일어나더니, 모래와 돌이 휘날려서 바로 청사로 들어갔다. 회오리바람에 발이 나부끼고 천막이 말려 올라갔다. 양익은 머리를 조아리고 엎드려 절하면서, 숨이 차서 감히 말을 못하였다. 양익이 참회를 마치자 바람이 그쳤다. 이에 스님이 원래 계시던 처소로 되돌려 보냈다.

무상이 성도에 이르자 홀연히 한 역사가 말하였다.
"땔나무를 베어 스님께서 밥을 지을 때 땔감으로 쓰도록 공양하겠습니다."
무상의 아우가 본국에서 새로 왕이 되었다. 그가 돌아오면 나라를 위태롭게 할까 두려워하여 자객을 보내 죽이려 하였는데, 무상은 이미 알고 있었다. 홀연히 "나무해 주는 현자야! 잠깐 와 보아라"고 하고서, 그에게 "오늘 밤 작연(灼然)이라는 손님이 올 것이다"라고 말하였다. 또한 "불자를 해치지 말라"고 하였다.

밤이 되자 땔나무하는 자가 칼을 지니고 방석을 끼고는 스님 곁에 홀로 앉아 있었다. 얼마 뒤에 벽 위에서 어떤 물체가 떨어지는 것을 느꼈다. 마침내 벌떡 일어나 칼을 휘둘렀는데 커다란 사람의 몸과 머리가 갈라진 뒤 땅에 떨어졌다. 후문에 본래 거대한 구덩이가 있었는데, 그 시신을 끌고 가서 매장한 다음 다시 흙을 덮어서 그 흔적을 없애버리고는 땔나무하는 자는 떠나갔다. 아침이 밝아오자 무상이 땔나무하는 자를 불러서 사례하려고 하니 이미 보이지 않았다.

일찍이 부도 앞에 있는 흑백나무를 가리키면서 말했다.
"이 나무가 탑 높이와 같아지면 탑이 무너질 것이다."
회창 연간에 무너졌는데 탑과 나무의 높이가 같았다.

또 말했다.

"절 앞에 있는 두 개의 작은 연못은 왼쪽은 국, 오른 쪽은 밥이다."

재시(齋施)를 할 때 적으면 그릇으로 거기에서 퍼오니 과연 사람들에게 공양을 베풀 수 있었다. 신이한 일이 많았는데 이런 부류들이었다. 지덕 원년(756)에 죽으니 세수 77세였다.

하늘 보고 노래하는 신라 스님들

삼국유사에 이런 말이 있다.

신라 경덕왕 19년(760) 4월 초하루 두 개의 해가 나란히 나타나 열흘이 지나도록 사라지지 않았다. 왕이 월명사를 불러 단을 열고 재앙을 물리치는 제사를 올리는 글을 짓게 했다. 월명사가 아뢰었다.

"신승은 국선의 무리에 속하여 단지 향가만 알뿐 범성은 익숙하지 못합니다."

"이미 인연 있는 승려로 지목되었으니 향가를 지어도 좋소."

이에 월명사가 도솔가를 지어 불렀다. 그러자 해의 변괴가 즉시 사라졌다.

월명사는 피리를 잘 불었다. 일찍이 달밤에 피리를 불며 문 앞의 큰 길을 지나가자, 달이 운행을 멈추었다. 이로 말미암아 그 길을 월명리라고 하였다.

많은 신라인들이 향가를 숭상하였다. 양지(良志)가 영묘사의 장륙상을 만들 때 온 성안의 남녀들이 다투어 진흙을 날라 쌓으면서 풍요(風謠)를 불렀다. 널리 원왕생가를 지어 덕을 쌓았다.

충담사(忠談師)는 백성을 편안하게 다스리는 향가(安民歌)를 지었으며, 또한 찬기파랑가(讚耆婆郞歌)를 지었다. 득오곡(得烏谷)은 향가를 지어 죽지랑을 추모하였으며, 신충(信忠)은 향가를 짓고 잣나무를 살렸고, 영재(永才)는 향가를 지어 도적을 교화하였으며, 눈 먼 아이는 향가를 불러 눈을 떴다.

융천사는 혜성가(彗星歌)를 불렀다. 진평왕대 제5 거열랑, 제6 실처랑, 제7 보동랑 등 세 화랑의 무리가 풍악(금강산)에 놀이를 가려고 하는데, 혜성이 나타나 심대성(전갈자리의 일등성 안타레스)을 침범하였다. 낭도들이 의혹을 느껴 가는 것을 그만두려고 하였다. 그 때 융천사가 노래를 지어 부르니, 혜성의 변괴가 즉시 사라지고 일본의 군사가 물러가 오히려 복이 되었다. 대왕이 듣고 기뻐하여 낭도들을 풍악에 보내 놀게 하였다. 노래는 다음과 같다.

옛날 동쪽 물가의
건달바가 놀던 성을 바라보니
왜군이 왔다고
봉화를 올린 변방도 있도다.

세 화랑이 산 보러 간다는 말을 듣고
달도 부지런히 밝히려는 터에
길 밝히는 별을 바라보고
'혜성이여!'라고 말한 사람도 있다.

아! 달이 아래로 떠가고 있더라.
어사와! 무슨 혜성이 있을까?

〈삼국유사〉

승려 양지의 조상과 고향은 자세히 알 수 없으며, 오직 선덕왕 대의 행적만이 나타나 있다. 그가 석장 끝에다 포대 하나를 걸어 두면, 석장이 저절로 시주하는 집에 날아가 흔들면서 소리를 냈다.

그러면 그 집에서 재를 올릴 비용을 담았고, 포대가 차면 날아서 되돌아왔다. 이 때문에 그가 머물고 있는 절을 석장사라고 하였다.

신기하고 괴이하여 헤아리기 어려운 것이 모두 이런 것이었으며, 그 밖에 여러 가지 재능에도 통달해 그 신묘함이 비할 바가 아니었다. 또 글씨에도 뛰어났고, 영묘사의 장륙삼존과 천왕상, 전탑의 기와, 천왕사 탑 아래의 팔부신장, 법림사(法林寺)의 주불삼존 및 좌우 금강신 등은 모두 그가 만든 것이다. 영묘사와 법림사 두 절의 현판을 썼으며, 또 일찍이 벽돌을 조각하여 하나의 작은 탑을 만들었고 아울러 3천개의 불상을 만들었으며, 그 탑을 절 가운데 안치하고 공경하였다.

그가 영묘사의 장륙을 빚을 때 선정에 들어서 잡념이 없는 태도로 대하여 유식(揉式)을 삼았기 때문에 온 성안의 남녀들이 다투어 진흙을 날라 쌓으면서 '풍요'를 지어 불렀다.

오라, 서럽도다!
서럽더라, 우리들이여!
공덕 닦으러 오라.
오늘날 그 곳의 사람들이 방아를 찧거나 다른 일을 할 때 그렇게 노래하는 것은 대개 여기에서 비롯되었다. 처음 불상을 조성할 때 곡식 2만3천7백 석의 비용이 들었다고 한다.

논평한다.
"법사는 재주가 온전하고 덕이 충만하고 큰 인물로서 하찮은 기술(末技)에 숨어 지낸 자라고 할 수 있다."
다음과 같이 찬했다.

재를 마치니 당전(堂前)의 석장이 한가롭고
조용한 몸가짐으로 화롯불 살피며
스스로 단향(檀香)을 태우네.
못다 읽은 불경 읽고 나면 할 일이 없어져,
부처님 모습 빚어 놓고 합장하여 뵌다네.

〈삼국유사〉

문무왕 대 염불승 광덕(廣德)이 일찍이 노래하였다.

달님이시여!
이제 서방까지 가시나이까.
무량수불 앞에
말씀 아뢰소서.

맹세 깊으신 무량수불전에 우러러
두 손 모아 비옵나니
원왕생(願往生), 원왕생이라고.
그리워하는 사람 있다고 아뢰어 주소서.

아아, 이 몸 버려두고
48가지 큰 소원이 모두 성취될까요?

〈삼국유사〉

은둔수행자 지천(智泉)

미지산 용문사 정지국사(正智國師) 비명은 홍무 28년 을해년(태조 4년, 1395) 권근이 지어 7월 초(7일), 고승 천공(智泉)이 천마산 적멸암에서 세운 것이다.

다비한 지 이미 여러 날이 지났는데, 그의 제자 지수(志修)에게 현몽하였다.
"너희들은 어찌하여 사리를 버려두고 거두지 않느냐?"
깜짝 놀라 일어나서 그 무리에게 알리고 다비한 곳에 달려가서 많은 사리를 얻었는데, 그 사리의 빛이 너무도 맑고 빛났다. 산중의 모든 스님들이 서로 모여들어 예배하고 사모하면서, 일찍이 없던 일이라고 찬탄하였다.

주상이 듣고 기이하게 여겨 정지국사의 시호를 추증하였다.
문인 각안(覺眼) 등이 미지산 용문사에 가서 부도를 세워 유골을 안치하고, 또 비를 세워 공덕을 기록하고자 무인년(1398) 여름에 임금에게 표장을 올려 아뢰므로, 임금께서 신 권근을 불러 그 비명을 짓게 하였다.

『선사의 휘는 지천이요, 속성은 김씨로 재령인(載寧人)이다. 아버지의 휘는 연(延)이니 사재부령(司宰副令)을 역임했고, 어머니 윤씨는 의성부 사족(士族)이다.』

원나라 태정 갑자년(1324)에 태어나 19세에 장수산 현암사(懸菴寺)에서 머리를 깎았다.

처음에는 글을 배우지 않고 곧바로 선지(禪旨)를 참구하였으며, 뒤에는 능엄경을 배웠으나 제대로 깨치지 못하다가, 다시 남명문(南明和尙頌證道歌)을 배워 깨달음을 얻어 다시 능엄경을 연구하여 그 대의를 환하게 깨달았다. 강사에게 질문할 때에는 가끔 (강사가) 미치지 못한데까지 해득하는 것이 있어 강사가 탄복하였다.

지정 계사년(1353)에는 지금의 왕사인 무학(無學)과 함께 연경에 들어가 법천사(法泉寺)에서 지공을 배알하였는데, 당시 나옹은 앞서 연경에 들어가 지공의 인가를 받아 도의 명성이 이미 드러났다.

두 선사는 모두 나옹스님께 나아가 사사하고 같이 참방하니 조예가 더욱 높아졌다.

또 오대산으로 가서 벽봉화상(碧峯和尙)을 배알하였는데, 그 때 명사인 조중목(趙仲穆)이 선사에게 '축원(竺源)'이란 두 글자를 크게 전서로 써서 주어 이것이 선사의 법호가 되었다.

병신년(1356)에 귀국하여 여러 명산을 두루 순방하고 이르는 곳마다 반드시 외진 방에 홀로 물러앉고 여러 사람들의 모임에 어울리지 않았으며, 항상 말과 웃음이 적고 근엄하기만 하였다. 간혹 도의 요체를 질문하는 자가 있으면, 그 물음에 따라 대답하되 말을 적게 하여 스스로 과묵하게 하고 묻지 않으면 말하지 않았다. 그래서 대중들은 다만 나이가 들었기 때문에 존경할 뿐 일찍이 특이한 덕망을 갖춘 것을 알지 못하였다.
나옹과 무학은 서로 이어서 명성을 드높여 왕사가 되어 종풍을 크게 떨쳤으므로 사부대중이 물결처럼 와서 따랐지만 공은 홀로 포부와 자취를 감추고 구름산에 숨어 살고 한 번도 대중 모임을 거느리거나 강석을 주관한 일이 없었다.

이처럼 오로지 내명(內明)만 닦기를 늙을 때까지 게을리 하지 아니하더니, 입적하던 날 저녁에 시자와 영결하고 가부좌하고 입적하였다.

사리의 이적이 나타난 뒤에야 대중들이 그 덕에 감복하여 참으로 득도한 이라고 하였다. 스님의 나이는 72세이고 법랍은 54년이었다.

내가 일찍이 스님들의 일을 들으니, "이미 깨달은 자는 깨달았다는 것조차 감추고, 자취를 세속에 묻으며 이류중생 가운데서 행하며 교화한다(異類中行)"고 하였으니, 국사가 진실로 그러한 사람이도다!

불법은 적멸로써 종(宗)을 삼고, 청정과 욕심을 적게 함으로써 도를 삼는 것이지만, 돌아보건대 세상에서 이른바 법사라 일컫는 자들이 죄와 복에 대하여 지나치게 과장하여 사녀들을 유인하여 모으고, 떳떳이 그들로부터 공양과 보시를 받는 것을 마다하지 않고 어지러이 분에 넘치는 사치를 하며 기강이 없음이 극에 달하였다. 어떻게 이를 적멸과 과욕의 도라 말하겠는가.

그런데 오직 스님만은 그렇지 않아 고절히 자신을 지키고 숨겨 드러내지 않았으니, 이것이 진실로 도를 얻은 자라 하겠다.
각안스님이 국사를 30년 동안 스승으로 섬겼다. 이제 그의 사람 됨됨이를 보니 질박하고 성실하며 꾸밈이 전혀 없으며, 그 말이 매우 어눌하니 이 또한 국사의 제자라 하겠도다! 스님들의 비를 세운 것은 당나라 때부터인데 그 스승이 반드시 위엄을 세상에 드러내고, 그의 제자 역시 그 시대에 큰 자취를 남긴 자에 한하여 하는 일이었다.

스님 자신도 이름을 빛내고자 하지 않았고, 제자 또한 단조롭고 욕심이 없었으나, 오히려 스승의 덕을 빛내고자 정성껏 온 힘을 다하기를 마다하지 않았다.
각안 같은 이는 고래로 있지 않았으니 참으로 가상한 일이다. 신이 주상의 명을 받았으니 감히 경건하게 명을 짓지 않을 수 없었다. 명은 다음과 같다.

『우뚝한 저 천공(泉公)은
묵묵히 그 진리를 깨달았도다.
자취는 밖으로 드러나지 않았으나
그 지혜는 안으로 밝았도다.

처음에는 멀리까지 심방하였으나,
끝내는 은둔으로 자취를 감추었도다.
깨달음이 없는 깨달음이요
들음이 없는 들음이다.

한 세상 향기로운 자취 간 곳이 없으니,
사람이 누가 그 덕망을 알 것인가.
오직 사리가 있어
그 영험이 빛났도다.

돌을 깎아 사리를 간직한 곳은
그 산의 양지쪽이라

은밀히 나라를 보호하며
같이 무궁하리라.

홍무 31년 무인년(1398) 12월 일에 세웠다.』

육두도인 춘성스님

12월8일 부처님 성도재일을 앞두고 큰스님께서 법문하셨다.

"죽었다 살아나는 놈이 누구냐.
멀쩡한 하늘에 흰 구름 일어나면
북쪽에서 바람이 부는데 남쪽에서 비가 온다.
오늘부터 한 달 동안 개장하는 놈은 도둑에게 들키리라."

들고보니 오늘 법문은 오직 자신을 위해 하신 법문이었다. 태어나면서부터 남다르고 뛰어난 사람이었다. 시간의 차이는 있지만 죽었다 살아나는 일을 반복하여 살아왔는데 맨날 감아도 살아나는 것은 그것 한 가지 뿐인 것 같았다.
"너 이놈 한 번 두고 보자. 네가 이기는지 내가 이기는지!"
기둥나무 앞에 두 눈을 똑바로 뜨고 앉아 기둥나무를 바라보니 보는 놈이 기둥나무인지 기둥나무가 보는 놈인지 알 수가 없었다. 이틀 사흘을 지내고 나니 뜬 눈이 감아지지도 아니했고 감은 눈이 떠지지도 아니했다.
"뜬 눈이나 감은 눈이나 오직 하나인데 그 속에서 무엇을 보고 시비를 한단 말이냐."

정월 보름 해제가 끝나자마자 한 도반이 말했다.
"여기가 안국동(安國洞)인데 어찌 해야 세상이 편안하게 되겠는가?"

옆에 보살님이 말씀하였다.

"풀어진 두부를 먹어야 속이 편안해집니다."

"그래 그동안 빈 속에 잠을 좀 깨워볼까?"

하고 두 사람이 인사동(仁寺洞) 두부집으로 들어갔다.

"여기 푹 풀어진 두부 한사발 주세요."

"두부만 가지고 되겠어요, 막 체에서 떨어진 뜬물도 있는데!"

"무엇이고 있는대로 주어 보십시오."

그래서 두 사람은 시월 보름부터 90일 동안 있었던 이야기를 차근차근 하다보니 어느새 밤 열두시가 되었다.

"문 닫아야 되겠는데 어떻게 하면 좋겠습니까?"

"나야 엎드리면 코 닿는 곳이니 여기 자도 걱정이 없습니다만 이 사람이 걱정입니다."

"통행금지 싸이렌이 울린 지 오래 되었습니다."

"그렇다면 가야지!"

"가기는 어디가. 잡히면 감옥 가는데?"

"자네는 걱정도 팔자네. 집없는 사람이 집에 들어가면 편안해질테니 그곳이 안국동 아닌가!"

"허허. 이 사람 마음대로 해보게."

주섬주섬 옷을 입고 나간 사람이 몇 발짝 걷지 않아 운니동 건널목에서 무엇에 걸려 넘어졌다.

"어이쿠 이것이 무엇인가?"

돌아보니 거지 여인이 아기를 낳아 피투성이가 되어 있었다.

"아이고 추워."

"아기가 춥다고 옷을 다 벗어 덮어주면 너는 얼어 죽지 않겠느냐."

하고 스님은 자신의 옷을 벗어 그 여인에게 덮어주었다.

"감사합니다."

돌아보니 뒤에서 경찰이 호루라기를 불었다.

스님은 냅다 뛰기 시작하였다. 원남동 네거리를 막 건너자마자 신호등이 빨갛게 달아올랐다.

발가벗은 짐승처럼 달랑달랑 내달리던 스님은 경찰을 보고 소리질렀다.

"세상을 편안하게 하려면 나 따라 오지 말고 그 여자나 데리고 가세요."

가서 보니 벌써 그 여자는 말도 할 수 없게 입이 굳어 있었다.

"어허. 이 아기 다 죽었구먼. 누울 자리나 보고 발을 뻗어야지 아무데나 몸뚱아리를 내놓아 이 지경이 되었구나."

"내가 알겠습니까. 숯굽쟁이들이 이 지경을 만들어 놓았는데."

그래도 길거리 보다는 감방 안이 훨씬 따뜻하였다. 다 죽어가던 아이가 꼬물꼬물 살아나니

"물 물 물 더운 물 좀 나에게 주세요."

사무실 연탄난로에서 푹푹 내뿜는 양은주전자를 기울여 따끈한 물 한 그릇을 주니 뜨거운 줄도 모르고 다 마셔 버렸다.

"아이쿠 이제 살겠네. 가슴이 좀 풀어지는 것 같은데. 그래서 이 새끼가 복덩이인 것 같습니다. 고추요, 숯이요?"

하고 물었다.

한편 스님은 서울대학병원 화장실로 뛰어 들어갔다. 춥기도 춥지만 누가 보면 우선 놀랠 것 같아서 발가벗은 몸으로 화장실로 들어갔다. 그런데 고요한 밤 새벽 3시에 변을 보고 있던 아가씨가 발가벗은 짐승을 보고 깜짝 놀라 까무라쳤다.

"귀신이야!"

한 번 소리를 듣긴 들었는데 다시 소리가 나지 않는다. 들여다보니 옷도 추스르지 못하고 화장실 바닥에 그대로 쓰러져 있다.

"여기 있다가는 살인귀 누명을 벗을 수 없을테니 어서 뛰어가야지!"

하고 냅다 뛰었다.

큰 도로로 가다가는 3선교 로터리에서 또 경찰을 만날 것 같아 혜화동 로터리에서 성북동으로 뛰었다. 산 중턱에 이르러 보니 두 길이 나타났다.

"청룡암, 팔정사."

청룡암에 들어가면 푸른 용이 으르렁 거릴 것 같아 팔정사로 달려갔다. 마침 아침예불을 들이려던 비구니 스님들이 귀신이 나타났다고 소리 질렀다.

"귀신이 아니니 따뜻한 방을 하나 주십시오."

마침 조실스님이 어제 해제를 하고 절을 떠나 빈 방이 있으니 그리로 들어가십시오."

하고 문을 열어준다. 스님들은 벌벌 떨면서 자신들끼리 말했다.

"머리를 깎은 것을 보니 속인은 아닌 것 같은데…"

"중이 체면이 있지 이 밤중에 옷을 벗고 어디를 돌아다닌단 말이오."

하고 옷 한 벌을 갖다 주었다.

간신히 이불 속에 들어가 몸을 녹이고 옷을 입고 보니 황새다리에 오리 가죽을 입혀놓은 것 같았다.

문을 박차고 나오니 비구니스님이 물었다.

"이 새벽에 어디를 가시려합니까?"

"남중이 신중절에서 꽤 벗고 나서면 못 들을 소리 듣게 되지 않겠소. 내 걱정이랑 아예 말고 입밖에 소리내지 마시오."

"사람은 똑같은 사람인데 걱정하지 마시오."

"내 걱정이 스님 걱정이니 아무 말하지 마십시오."

하고 주자(走字)를 놓아 단숨에 도봉산까지 뛰었다.

큰스님이 보고 말했다.

"어디서 들어온 허수아비냐! 저놈을 잡아다가 법상에 앉혀라."

스님은 법상에 올라가 홀로 하늘을 쳐다보고 말했다.

"가는 방망이에 오는 홍두깨."

큰스님이 소리쳤다.

"야, 이놈아. 법당에 기둥나무들이 늙어 이빨을 드러내고 있기 때문에 네가 공부를 마치고 오면 새 나무로 단장하려 하였더니 손발에 어깨 다리종지까지 훤히 드러나 있으니 나무나 벨 수 있겠느냐!"

"나무는 무슨 나무입니까. 멀리 있는 것보다는 천년 묵은 나무가 이 주위에 꽉 찼는데."

"야 이놈아. 그것은 풍치송이다. 부처님도 머리가 달리고 수발이 있어야 32상 80종호가 갖추어져 있을 것 아니냐!"

"베면 곧 납니다. 물을 주지 아니하여도 머리털이 곳곳에 더불거리게 되어있는데 가을 밤(栗) 벌어지지 않는다고 누가 장담하겠습니까!"

"허허 그 놈 한 소식 얻어온 것 같구나."

그런데 법회를 마치고 점심을 먹고 나니 행자가 없어졌다.

"어디 갔느냐?"

"앞산에서 나무 넘어가는 소리가 나는 것 같습니다."

"허허. 큰일났구나. 3척 홍송이 제일이라 하였더니 천년 묵은 나무를 모조리 베어내는 것 같구나."

총무스님이 나갔다 오더니 소리 질렀다.

"스님, 스님, 큰일났습니다. 선방수좌가 경찰들에게 붙들려 갔습니다."

경찰이 물었다.

"무엇 헐려고 오래된 풍치림을 그렇게 무자비하게 넘어뜨렸습니까?"

"부처님 집 보수하려고 했습니다."

"본적이 어디요?"

"우리 아버지 착한 머리요(賢頭)."

"주소는?"

"우리 어머니 보배못입니다."

"아니 본적 주소를 가르쳐 달라고 하니 이게 무슨 말이요?"

"당신들은 아버지 어머니 밖에서 나왔습니까. 이 사람들이 사람이 아닌 모양이네. 진담(眞談)도 가리지 못하고 있으니…"

경찰들은 시말서를 쓰다가 박장대소를 하며 풀어주었다.

"우선 절에 가서 기다려 주세요."

마침 절에 오니 대통령 영부인께서 인사차 왔다가 스님 옷입은 것을 보고 물었다.

"그게 무슨 옷입니까?"

"새로 태어난 배잠방이입니다."

"비구니는 여자가 틀림없으나 머리를 깎았으니 남자입니다."

"원래 마음에는 남자도 여자도 없습니다. 그저 그것은 그렇고 보살님하고 나하고 연애 한 번 하여 우리 법당을 하나 만들어 냅시다."

"좋은 말씀이나 당장은 지금 법망을 피하기 어려울 것 같은데요."

"그렇지 않아도 일없는 중이 식통이 노릇을 한다고 하는데 오늘부터 감방에 들어가 주는 밥 먹고 포교하겠습니다."

"그렇다면 큰집에 들어가기 전에 은사스님께 다녀오십시오."

하고 차비를 주었다.

스님은 서울역에서 차를 타고 천안삼거리로 가는 중인데 기차간에서 큰소리가 났다.

"오늘이 큰 성현께서 죽었다 살아난 날입니다."

너무 떠들어 시끄러우니 사람들이 중얼거렸다.

"조용히 좀 하세요."

"죽었다 산 사람 보았으면 즈그나 좋게 찐 계란 먹고 앉았을 일이지 이 많은 사람 가운데서 떠들고 다니느냐!"

그 때 스님이 벌떡 일어나더니 큰소리로 외쳤다.

"조용히 해. 죽었다 살아난 것은 너희 아버지 그것밖에 없어. 원래 성현은 찐 계란 먹지 않는다. 산 계란을 먹어야 병아리가 나오지 찐 계란 속에서 무슨 산 닭이 나오겠느냐!"
사람들이 박장대소를 하며 소리쳤다.
"옳소."
"옳으면 조용히 앉아 맛만 보세요. 죽은 계란 속에도 닭맛은 있으니."
이렇게 하여 도봉산 법당은 지어졌고 그 속에서 6년 고행한 사람들이 태어나 마른나무 가지에 꽃을 피웠다.

이 뿐 아니다. 이 스님의 법문은 기상천외하여 누구도 그 인연을 따라갈 수가 없다.
어떤 목사가 하느님을 믿으라고 떠들어대자
"하느님이 어디 있느냐?"
물으니
"없는 곳이 없다."
하였다.
"그렇다면 똥통 속에도 있느냐?"
"아니 남의 하나님을 무시해도 이만부덕이지. 그럼 부처도 똥 속에 들었느냐?"
"마른 똥막가지도 부처다."
할 말을 잃은 목사가 얼굴을 붉히며 사라졌다.

1950년대 중반 양복을 입고 중절모를 쓰고 기차를 탔는데 한 목사님이 앞좌석에 앉아 잔소리를 해댔다.
"중놈들은 깊은 산속에 앉아 애꿎은 밥만 축내고 있다."
"어디 그대 나이 몇 살인가?"
"전쟁 통에 태어나 나이도 모릅니다."

"허, 내가 피난 가다가 한 여자를 건드려 아들을 하나 난 일이 있는데 네가 바로 내 아들놈이로구나. 네이놈 호로자식, 부모를 망신시켜도 이만부덕이지…"

푸드득 하더니 그만 도망가 버렸다.

1960년대 통행금지가 있었다. 12시가 넘으니 경찰과 방범대원들이 사방에서 호루라기를 불면서 소리쳤다.

"너는 누구냐?"

"중대장이다."

가까이 와서

"충성."

하고 소리를 지르고 보니 꾀죄죄한 옷을 입은 중이었다.

"아 아니, 이 자가 중이 아닌가?"

"그래서 내가 중 대장이라 하지 않았느냐? 거기 들고 있는 호루라기 이리 내놔."

하여 계속해서 불면서 도봉산까지 가고 보니 날이 훤히 새었다.

한번은 영부인께서 소문을 듣고 생일 날 스님을 초청하였다.

"오늘이 무슨 날이오?"

"영부인께서 세상에 태어나신 날입니다."

"어 그래. 오늘은 영부인께서 애비의 배 속에서 들었다가 어머니 보배못에서 나온 날이구만…"

사람들이 사색이 되어 서로 쳐다보며 수군수군하자

"그대들은 하늘에서 떨어졌는가 땅에서 솟아났는가?"

하고 나가려 하자 영부인께서 특별 대접하여 화기애애한 시간을 가졌다.

그 때 속좁은 딸이 있는 한 여사가 그의 딸을 춘성스님께 보냈다.

"스님께서 법문을 잘하신다고 어머니께서 가보라 하여 왔습니다."

"네 그 작은 것에 나의 큰 것이 들어갈 수 있겠느냐?"

"아이 징그러워."

아이가 소리를 지르고 나갔다. 집에 가서 이야기하니 어머니가 말했다.

"너의 그 좁은 속에 큰스님의 법문이 들어갈 수 있겠느냐 하는 소리인데 그것도 알아듣지 못했어…"

그래서 그 자리에서 속이 터져 지금까지도 그 큰스님의 편이 되어 있다.

어떤 노보살님이 스님 법문에 반하여 땅문서 집문서를 다 갖다 맡겼다.

"며느리 때문에 살 수 없으니 내가 죽고 난 뒤에 내 손자에게 전해주세요."

할머니가 돌아가시자 집안이 난리가 났다.

"이 문서를 어디다 갖다 두었지!"

이리 뒤지고 저리 뒤지다가 그만 포기하고 말았는데 손자가 대학에 들어가자 불러 주었다.

"보아라. 너희 어머니가 찾는 물건이 여기 있다. 네 할머니가 맡긴 것이니 네 어머니하고 나누어 먹어라. 너희 할머니는 너의 어머니가 미워 죽다가 돌아가셨는데 죽을 때까지 미우면 집개벌레가 된다 하였더니 이 물건까지도 놓아버리고 갔다."

이로 인하여 그 며느리도 놀라하며 '방하착(放下着)' 화두로 일생을 편안히 살았다.

도봉산 미군부대 사람들이 양색시를 데리고 오면 편안히 잠자리 만들어 재워 보내자 연대장이 초대하여 저녁을 대접하고 물었다.

"무엇으로 스님께 보답하면 좋겠습니까?"

"주려면 돈으로 100억불쯤 주세요."

그만 입이 딱 벌어져 아직까지 다물어지지 않고 있다.

진관사에서 상량식을 하면서 "큰스님을 모셔 법문을 잘 하므로써 시주가 잘 걷히도록 해야 되겠다"하고 벼르고 벼르다가 큰스님을 모셨다.

그런데 법문하러 온 스님이 양복에 도리구지를 쓰고 와서

"법복 가져 오너라."

"법복이 없습니다."

"네 옷 벗어주면 될게 아니냐!"

해서 양복 위에 비구니 장삼을 걸쳐입고 법상에 올라가 한식경쯤 있다가

"혼수에는 자재천(自在天)이 제일이고 불사에는 돈이 제일이다 알아들었느냐."

하고 소리를 버럭 지르는 바람에 모두 귀가 먹었다. 정신차려 보니 스님은 간곳이 없었다.

"세상 태어나서 이런 법문은 처음 들어보네."

"귀한 법문 들었으면 돈들 내세요."

하여 상량을 했던 집이 한달이 못되어 지붕이 다 덮여졌다.

강화 보문사 법당을 일꾼들에게 맡겨지었는데 돈을 주지 않자 법당에 불을 놓겠다고 법석을 떨었다.

날짜와 시간을 정하여

"아무 날 몇 시까지 돈을 가져오지 아니하면 불을 놓아도 좋다."

하고 화주를 나왔는데 마지막 약속한 시간이 2시간 밖에 남지 않아 배를 타러 가니 늘어선 사람들이 1km나 되었다. 다짜고짜로 이러지리 돌아다니다가 아기 업은 여인 앞에 가서

"아니, 여기 있으면서 소리도 지르지 않아, 이렇게 있으면 어떻게 해. 배를 놓치면 아주 끝장인데…"

하고 밀치고 들어가 배를 타니 마을 목사님이 보고,
"저놈이 보문사 주지 아니여. 마누라도 없는 놈이 자기 부인처럼 이야기하여 배를 타니 가만두지 않겠다."
하고 소리 질렀다.
"너, 보문사 주지 아니여."
"그래 보문사 주지다. 보문사 주지면 어떻게 할거냐!"
하고 "악"하고 소리쳤는데 그 자리에서 그만 귀가 먹어 버렸다. 간신히 시간 맞추어 와 법당에 불을 놓지 않고 빚을 갚았는데 목사님이 고발하여 파출소에 가니 목사님이 와 있었다.
"이 사람이 내 귀를 먹게 하였습니다."
"내 소리를 듣는 것보니 귀가 먹지 않았구만."
하고 "악" 하고 소리지르니 파출소 안이 모두 먹장이 되었다.

이 외에도 무거운 짐을 짊어지고 다니던 엿장수들에게 창고를 제공하여 무겁게 짐을 짊어지고 다니지 않아도 되도록 하고, 공부하는 학인들에게 조건부 없이 장학금을 주어 그들이 장차 커서 이 스님의 역사를 연극화 함으로써 지금 이 같은 이야기들이 남아있게 된 것이다.

아무리 생각해 보아도 헤아릴 수 없는 스님의 호탕한 법문, 그러면서도 진정한 선승의 자리를 지켜온 양복쟁이 스님은 영원히 우리 주위에서 떠나지 아니할 것이다.

그럼 그 분이 누구인가?
이 분이 3·1운동 당시에 독립선언서를 쓰신 한용운 스님의 유일한 상좌다.

한국의 피카소 중광(重光)스님

중광스님은 제주도 출신이다. 어렸을 때 너무 배가 고파 동네 아이들과 함께 남의 소를 잡아먹었다. 이로 인해 교도소에 들어갔는데 가만히 앉아있어도 때가 되면 밥을 주었다.

동업자들에게 말했다.

"나는 이 집이 좋다. 나무해라, 소치어라, 밭매라, 꼴비어라 잔소리 듣지 않아도 때가 되면 밥을 주니 이 보다 더 좋은 세상이 어디 있겠는가!"

하고 교도소 소장을 찾아갔다.

"사실 이 애들은 아무 죄가 없습니다. 내가 꼬셔 소를 잡아먹게 되었으니 나만 벌을 받게 놓아두고 다들 내보내 주십시오."

나이는 어려도 어른들보다 나아 보였다.

"너 혼자 살면 더 오래 살텐데."

"오래 살아도 좋습니다. 큰 집에서 세 때 밥먹고 살면 그만이지요, 뭐."

그래서 그는 모범수 대접을 받고 나머지 학생들은 다 내보내 주었다.

그런데 며칠 있다가 한 스님이 법문을 하러 왔다.

"하늘 땅 툭 터져 있는데 골방에 들어앉아 하루 세 때 콩밥 노예가 되어 있는 놈도 있다."

어쩌면 자기 소리를 하는 것 같았다.

"스님, 콩밥 안먹으면 또 다른 밥이 있습니까?"

"선열식(禪悅食)이 있지. 안먹어도 배불러 똥통에 앉았어도 천당이 다 내 것이 된다."
"그럼 저도 그런 공부 한 번 할 수 있을까요?"
"세상에 미련 있으면 안 되지."
"미련 없습니다. 스님께서 보증을 서서 나를 내보내 주신다면 스님 시키는대로 하여 대자유인이 한 번 되어보고 싶습니다."
그래서 그는 그해 4월 초8일 특사로 풀려났다.

통도사에 들어가니 경봉스님의 법문이 시원시원하였다.
"보살이 되려면 바라밀탕을 먹어라."
"스님. 10전대보탕 말고 바라밀탕도 있습니까?"
"그럼. 보시 열돈에 지계 열돈, 인욕·정진 열돈에 선정 열돈하면 지혜의 빛이 안팎을 통철한다. 이 몸은 그림자이고 마음은 주인이니 시시각각으로 변하는 몸뚱이가 물속의 달빛처럼 나타나지…."
중광은 그로부터 바라밀탕을 다리고 또 다리고 또 다렸다. 그런데 하루는 스님이 쓰시던 붓을 가지고 신문지 위에 그림을 그렸는데 영락없이 실물과 같았다.
"누가 그렸느냐. 영락없이 달빛에 그림자로구나."
하고 탁 잡으니 신문지 위에 그려져 있던 장닭이 그만 "꼬꼬댁 꼬꼬"하며 날아갔다.

사람들은 모두 신비하게 생각하였다. 무엇이고 그리면 서로 달라고 하는 바람에 경상도에서 서울까지 올라오다 보니 떨어진 사지 쓰봉이 길거리에 버려져 있었다. 찌그러진 것을 잘라 버리고 위아래 한벌을 입고 보니 양아치가 틀림없었다.

그런데 가는 곳마다 거지들이 우글거려 그 속에 들어가면 형님, 아버지, 선생님 대접을 하였다.

"선생님, 존함이 무엇입니까?"
옆에 사람들이 "거듭 빛난 중광(重光)스님이야."
하면 "두 번 미친 중광(重狂)이라 해라."
하여 그 이름을 중광(重狂)이라 썼다. 아무데나 생각나는대로 그려주면 화제거리가 되었기 때문이다.

그래서 서울 감로암에 와서 한 노비구니 스님의 보호를 받고 있었는데, 고려대학교 초청으로 한국에 왔던 록펠러재단 사무총장이 한국일보에 그려진 닭 그림을 보고 호기심을 가졌다.
"누가 그린 그림인가?
"두 번 미친 스님이 그린 그림입니다."
"서양에도 그런 사람이 있는데 동양에도 있는가?"
"동대문 밖 감로암에 살고 있습니다."
"한 번 친견해 보았으면 합니다."
그래서 편집장을 따라갔다. 마침 그는 밤새도록 양아치들에게 강의하고 점심때쯤 들어와 단잠을 자고 있었다.
"잠이 들어 있습니다."
"부럽습니다. 나는 박사학위를 두 개까지 받으면서 하룻저녁에 3시간 이상 자본 일이 없습니다. 저렇게 코를 골고 잘 수 있다는 것은 진실로 행복한 일입니다."
한 시간을 넘게 기다려 겨우 가서 깨웠다.
"미국에서 록펠러재단 사무총장이 왔는데 스님을 뵙겠다 합니다."
"그래. 이리 데리고 오너라."
록펠러재단 사무총장이 옆으로 다가서자 단도직입적으로 물었다.
"네 이름이 뭐냐!"
"아무개입니다."
"그것은 너의 아버지가 지어준 이름이고, 그 이름 이전 네 어머니 배 속에 들어가기 이전의 이름이 뭐냐!"

말을 못하고 우두커니 서 있으니,
"제 이름자도 모르는 놈이 록펠러재단 사무총장이면 뭘 하겠다는
것이냐?"
하고 집안이 떠나가도록 소리를 질렀다.
"할."
얼마나 놀랐던지 벌벌 떨면서,
"오늘 저녁을 내가 살 터이니 어디로 가십시다."
하였다.
"저녁 약속은 이미 다 되어 있으니 따라가고 싶으면 벙거지나 쓰
고 와…."

호기심 많은 록펠러재단 사무총장이 청계천 시장에 가서 헌 옷가
지를 사 입고 왔다. 날이 어슴프레해지자 청계천 지하 상가로 들
어갔다. 아직 장사가 잘 되지 않아 지하는 모두가 텅텅 비어있고
거지들의 소굴이었다. 똥냄새 오줌냄새가 진동하는데도 거침없이
컴컴한 곳으로 들어가니 촛불 두 개가 켜졌고, 거기서 작업을 하
던 사람들이
"선생님이 오신다."
일어나서 큰 절을 하고 그동안 써 놓았던 그림과 글씨를 가지고
와서 개인 교습을 받았다.
스님은 일필휘지(一筆揮之)로 점수를 매기고 잘된 점과 잘못된 점
을 가르쳐 주었는데, 사무총장은 말을 못 알아들어도 내용은 알
수 있어 감탄하였다.
다 마친 후에 사람들에게 소개하였다.
"이 분은 한국일보사 편집장이고, 이 분은 미국에서 온 선교사다.
귀한 손님들과 함께 밥을 먹게 되었으니 골고루 얻어 오너라."
두 세 사람이 나간 뒤 30분도 되지 않아 짜장면·짬뽕 먹다 남은
것, 설렁탕·갈비탕 섞어진 것을 한 양동이씩 들고 왔다.

"음료수는 뭐 있느냐?"

"여기 있습니다."

하고 내놓는데 소주 · 막걸리 · 맥주가 한데 섞여진 것이었다.

"한 잔 하지."

하면서 따라주는데 도저히 마실 수 없을 것 같아 망설이고 있으니 중광스님은 남의 것까지 통째로 다 마셔버렸다. 그리고 밥과 국, 국수를 늘어놓으며,

"이것이 한국 거렁뱅이들의 뷔페식이요, 먹어보시오."

하자 쳐다만 보고 우두커니 앉아 있었다.

"역시 바보 천지들이로구나. 아까는 제 이름도 모르더니 여기 와서는 밥도 먹을 줄 모르니 말이다."

하고 일어나 노래불렀다.

"이름도 성도 모르는 놈이
남의 말도 알아듣지 못하고
밥도 국도 먹을 줄 모르니
이것이 미국의 대학교수고 박사님이다."

하고 나가버렸다. 록펠러재단 사무총장이 세상을 그렇게 오래 산 사람은 아니지만 이렇게 창피를 당하고 망신을 당한 일은 처음 있는 일이다.

그래서 미국에 가서 큰 신문에 대문짝만하게 큰 글씨로

"한국의 피카소 중광스님."

하고 그림과 글씨를 소개하였다. 그리고 재단에 부탁하여

"이런 성자를 난 사람은 그 어머니까지 훌륭하니 함께 초청하여 세계를 구경시켜드려야 한다."

하고 초청하여 28개국을 구경시킨 일이 있다.

나는 하와이에서 석 달 동안 함께 지냈는데 먹는 것이나 입는 것, 자는 것에 걸림이 없고 그림, 글씨도 특별한 격이 있는 것이 아니고 상대방 근기 따라 그려주고 써 주었다.

한 번은 하와이 방송국에서 5분 동안 여덟 분이 영화를 만든다 하여 원고를 써드렸는데, 더운 날씨에 방송국에 가니 땀이 많이 났다. 사람들이 많이 있는 곳에서 원주민들이 입는 풀잎 옷을 사 그 자리에서 갈아입고 춤을 추었다. 사회자가 물었다.
"기분이 어떠십니까?"
"조크가 춤을 춘다."
모두가 박장대소 하였다.

또 한 번은 하와이 대학교에서 그림전시회를 하는데 장닭이 암탉을 누르고 있는 그림을 보고 물었다.
"이것이 무엇입니까?"
"네 아버지, 네 어머니다."
"무엇이라구요."
"너는 다른 데서 태어났느냐?"
그 그림을 그 사람이 3천불을 내자,
"내 그림이 미국에 와서 3천불짜리 밖에 안되느냐. 나는 너에게 그냥 줄 터이니 너는 그 돈을 방송국에 희사하여 어려운 사람들의 살림에 보태주라."
하였다.

제2편

중도 소도 아닌 사람들

제2편 중도 소도 아닌 사람들

걸림없는 복성거사(卜姓居士)

찬영이 쓴 송고승전에 실린 당 신라국황룡사 원효전(唐新羅國黃龍寺元曉傳)에는 다음과 같은 글이 쓰여져 있다.

『승려 원효는 성은 설씨요 동해 상주 사람이다. 어린 나이에 불법에 입문하였다. 스승을 따라 가르침을 받았으나 다니는 곳에 일정함이 없었다. 의(義)의 세계에 용감하게 나아가고 문진(文陣)에 능통하여 저곳(신라)에서 이르기를 만인을 겨룰 만하다 하였으니 오묘한 이치와 입신(入神)의 경지가 이와 같았다.

일찍이 의상법사와 함께 현장 삼장의 자은지문(慈恩之門)을 사모하여 입당하려 하였으나 그 인연이 어긋났다. (입당하고자 하는) 마음을 접고 여기저기 떠돌았다. 얼마 안 되어 말하거나 하는 짓이 인륜에 어긋나고 난폭하였다. 보이는 행적마다 어긋나고 거칠었으며, 거사들과 함께 술집과 창가에 출입하니, 지공(誌公)이 쇠칼과 철 석장을 잡고 있던 것과 같았다. 소(疏)를 지어서 잡화(화엄경)를 강하기도 하고, 사당에서 거문고를 타면서 즐기기도 하고, 혹은 여염집에 머물러 묵고, 혹은 산수에서 좌선하니 계기에 따라 마음대로 하는데 일정한 규범이 없었다. 이 때에 국왕은 백고좌인 왕경대회를 개설하고 석학과 대덕을 두루 찾았다. 고향에서 명망 있는 자로써 (원효를) 천거하여 나아가게 하였으나 여러 대덕이 사람됨을 미워하고, 왕에게 참소하여 받아들이지 못하게 하니 어디에도 거처할 곳이 없었다.

왕의 부인이 머리에 부스럼이 생겼으나 의사의 효험이 없었다. 왕과 왕자, 신하들이 산천과 영사(靈祠)에 기도를 드리는데 가지 않은 곳이 없었다. 어떤 무당이 말하기를, "다른 나라에 사람을 보내 약을 구하여 오면 병이 나을 것입니다"라고 하였다. 왕은 이에 사인을 뽑아 바다를 건너 당나라로 보내 그 의술을 찾게 하였다. 큰 바다의 가운데에 홀연히 한 노인이 물결을 박차고 나와 배 위로 올라 사인을 맞이하여 바닷속으로 들어갔다.

궁전의 장엄하고 화려한 모습을 보이고 검해(鈐海)라는 이름의 용왕에게 알현시켰다. 사인에게 말하기를, "너희 나라의 부인(왕후)은 청제(靑帝)의 셋째 딸이다. 우리 용궁에는 예로부터 금강삼매경이 있는데, 이는 이각(二覺)과 원통(圓通)의 보살행을 보여주는 것이다. 지금 부인의 병에 의탁하여, 증상연(增上緣)을 삼아, 이 경을 부쳐서 그대 나라에 내놓아 유포하고자 할 따름이다" 하였다. 이에 한 30장(紙)쯤 되는 뒤섞이고 흩어진 경을 사인에게 주면서 다시 말하였다.
"이 경이 바다를 건너다가 마구니의 장난에 걸릴까 두렵다"
용왕은 칼로써 사인의 장딴지를 찢고는 그 속에 (경을) 넣어 밀랍종이로 봉하고 약을 바르니 장딴지가 예전과 같았다.

용왕이 말했다.
"대안성자로 하여금 (흩어진 경전의) 차례를 바로잡아 꿰매게 하고, 원효법사를 청하여 소를 짓게 하고 강석하게 하면 부인의 병은 틀림없이 나을 것이다. 가령 설산의 아가타약의 효력일지라도 이에 미치지 못할 것이다."

(사인이) 용왕의 전송을 받아 바다 위에 나와서 드디어 배를 타고 귀국하였다. 이 때의 일을 왕이 듣고 기뻐하였다. 이에 먼저 대안성자를 불러 (경의) 차례에 따라 묶게 하였다. 대안성자는 헤아릴 수 없는 인물이었다. 형태와 차림새가 특이하고, 항상 장터에 머물면서 동발을 치며, "대안, 대안"이라고 외쳤으므로 그를 (대안)이라 불렀다. 왕이 대안에게 명하니, 대안은 말하기를, "경전만 가져오시오. 왕의 궁궐에 들어가기를 원하지 않소"라고 하였다.

대안은 가져온 경을 배열하여 8품으로 만들었는데, 모두 부처님의 뜻에 부합되었다. 대안이 말했다.

"빨리 원효에게 가져다주어 강석하게 하시오. 다른 사람은 안됩니다."

원효가 그 경을 받은 것은 바로 고향인 상주(湘州)에 있을 때였다. (원효가) 사인에게 말하였다.

"이 경은 본각과 시각의 2각으로 종지를 삼고 있습니다. 나를 위하여 각승(뿔난 소)을 마련하고 책상을 (소의) 양 뿔 사이에 두고, 붓과 벼루를 놓아 주십시오."

처음부터 끝까지 소가 끄는 수레에 타고 소(疏)를 지어 5권으로 완성하였다.

왕이 날을 정하여 황룡사에서 알기 쉽게 설명하기를 청하였다. 이 때 경박한 무리가 있어 새로 지은 소를 훔쳐가 버렸다. 이 일을 왕에게 알리고 사흘은 연기하여 다시 3권으로 써서 완성하니, 이를 약소(略疏)라고 불렀다.

왕과 신하, 승려와 속인에 이르기까지 법당을 구름처럼 에워싸자 원효가 이에 금강삼매경론을 밝혀 말하니 위의가 있었고 얽힌 뜻을 풀이하는 것이 법칙으로 삼을 만하였으니 칭찬하고 찬탄하는 소리가 허공에 용솟음쳤다. 원효가 다시 밝혀 말했다.

"옛날 서까래 백 개(百椽)를 고를 때에는 비록 그 모임(백고좌)에 참여하지 못하였지만 오늘 아침 하나의 대들보를 놓은 곳에서는 오직 나만이 홀로 할 수 있구나."

이 때 이름난 대덕들이 모두 부끄러워 얼굴을 숙이고 엎드려 마음으로 참회하였다.

처음에 원효는 행적을 보인 것이 일정함이 없었고 사람을 교화함에 고정됨이 없었다. 혹은 소반을 던져 대중을 구하였고, 혹은 물을 뿜어 불을 껐으며, 혹은 여러 곳에 형상을 나타내고, 혹은 모든 곳에 입멸을 알리기도 했으니, 배도(杯渡)선사와 지공(誌公)의 무리와 같았다. 그 신해(神解)한 성품에 있어서 보기에 명확하지 않은 바가 없었다. 소에는 광·략(廣略)의 이본이 있었는데, 모두 본토에서 유행되었다. 약본은 중국으로 흘러 들어가 후에 번경삼장(飜經三藏)이 이를 고쳐 논이라고 하였다.

덧붙여 말한다. 바다의 용궁은 어디에서 경본을 갖게 되었는가? 보통 말하기를 "경전에 이르기를, 용왕의 궁전에는 칠보탑이 있고 부처님이 말씀하신 모든 심오한 경의가 각각 칠보의 상자에 가득차 있었으니, 12인연과 총지삼매 등을 이른다"고 하였다. 진실로 이 경전을 세간에 유행시키고 다시 대안법사와 원효의 신이를 나타내었으니, 바로 부인의 병으로 가르침을 일으키는 커다란 실마리를 삼은 것이다.』

두타승 부대사(傅大士)

"두타승"이란 번뇌를 털어버리고 의·식·주에 탐닉하지 않으며 청정하게 불도를 수행하는 스님을 말한다.

부처님 당시에는 번뇌를 제거하고 의식주를 간단히 하여 불도를 수행하는 12두타승이 대부분을 차지하였는데, 지금와서는 비단옷 입고 구두신고 자가용 타고 고대광실에 높이 올라야만 청정한 비구로 큰스님이 될 수 있다.

첫째로 인가를 멀리 떠나 산숲 광야의 한적한 곳에 살고

둘째, 솥단지를 걸어놓지 않고 때가 닥치면 마을에 나아가 밥을 얻어먹고

셋째, 빈부를 가리지 않고 차례로 밥을 얻고

넷째, 하루에 한 때만 먹고 거듭 먹지 않고

다섯째, 발우 안에 든 것만 먹고 외식하지 않고

여섯째, 정오가 지나면 과일즙이나 꿀·우유도 마시지 않고

일곱째, 낡은 옷을 빨아 기워입고

여덟째, 단지 3의(上衣·中衣·下衣)만 가지고 가외옷을 갖지 않고

아홉째, 무덤곁에 있으면서 무상을 관하고

열째, 나무밑에 앉아 애착을 떠나고

열한째, 한 데에 살면서 새·짐승·독충·벌레들을 피하고

열두째, 단정히 앉기만 하되 눕지 않고 사는 열두 가지 두타행을 실천하는 사람이 많았다.

그런데 지금은 이런 스님을 거지 중이라 하여 좋아하지 않는다.

신라·고려 황금기 때 너무 지나치게 대접을 받았던 결과리라.

부대사(497~569)는 중국 동양군 오상현 계정리 사람이다. 성이 부(傅)이고 이름은 흡(翕), 자는 현풍(玄風)이다.

16세에 유(劉)씨와 결혼하여 보건(普建)·보성(普成) 두 아들을 낳았다.

24세에 개정당(稽亭唐)에서 인도스님 숭두타(嵩頭陀)를 만나 송산의 쌍도수 사이에 암자를 짓고 스스로 "쌍수림하 당래해탈 선혜대사(雙樹林下 當來解脫 善慧大士)"라 부르며 낮에는 품을 팔고 밤에는 아내 묘광(妙光)과 함께 대법을 연설하기 7년 소문이 사방에 퍼져 천하 명승들이 모여들었다. 뒤에 지공스님의 소개로 경사에 들어가 양무제와 문답하고 정림사에 있으면서 지방장관들의 공급을 받았다.

대동 1년(535) 중운전에 이르러 반야삼매경을 강설, 548년(태천 2년) 단식분신공양(斷食焚身供養)할 서원을 세웠다가 제자들의 만류로 그만두고 제자 19명이 대신 몸을 태웠다.

561(천가 2년) 송신정에 가서 11불께 참배하고 태견 1년 4월 73세로 열반에 들었다. 세상에서는 동양대사(東洋大士) 쌍림대사(雙林大士) 오상대사(烏傷大士)라 부른다.

일체경을 넣어두는 전륜장(轉輪藏)을 창조하여 그 위에 부대사상을 조각하여 모시기도 하였다.

그는 항상 심왕명(心王銘)을 지어 노래 불렀는데 그 노래는 다음과 같다.

觀心空王
관 심 공 왕

텅 빈 심왕을
관찰하니,

玄妙難測
현 묘 난 측

그윽하고 오묘하여
헤아리기 어렵네.

無形無相
무 형 무 상

형태도
모양도 없는데,

有大神力
유 대 신 력

신령한
큰 힘이 있다.

能滅千災
능 멸 천 재

능히 천 가지
재앙을 없애며,

成就萬德
성 취 만 덕

만 가지 덕을
성취하니,

體性雖空
체 성 수 공

바탕의 성품은
비록 비었지만,

能施法則
능 시 법 칙

능히 법칙을
시행한다.

觀之無形
관 지 무 형

관찰하면
형태가 없는데,

呼之有聲
호 지 유 성

부르면 답하는
소리가 있으니,

爲大法將
위 대 법 장

법을 시행하는
대장군이라,

心戒傳經
심 계 전 경

마음의 계를
경으로 전한다.

水中鹽味
수 중 염 미

물속의
소금 맛과,

色裏膠清
색 리 교 청

빛 속의 은은한
청명함은,

決定是有
결 정 시 유

있음이
분명한데,

不見其形
불 견 기 형

형태를
볼 수 없네.

心王亦爾
심 왕 역 이

심왕도
이와 같아서,

身內居停
신 내 거 정

몸 안에
머물러 있나니,

面門出入
면 문 출 입

눈·귀· 코 등
문으로 드나들며,

應物隨情
응 물 수 정

외물에 반응하며
물정을 따른다.

自在無礙
자 재 무 애

자재하여
걸림이 없으며,

所作皆成
소 작 개 성

하는 일을
모두 성취하니,

了本識心
요 본 식 심

근본을 터득하면
마음을 알고,

識心見佛
식 심 견 불

마음을 알면
부처를 본다.

是心是佛
시 심 시 불

마음이 바로
부처요,

是佛是心
시 불 시 심

부처가 바로
마음이니,

念念佛心
염 념 불 심

생각생각 부처와
마음임이 사무치면,

佛心念佛
불 심 념 불

부처가 마음이라
생각함이 염불이다.

欲得早成
욕 득 조 성

부처가 속히
되고자 하면,

戒心自律
계 심 자 율

마음을 삼가하며
스스로 율을 행하라.

淨律淨心
정 율 정 심

청정한 율은
청정한 마음이라,

心即是佛
심 즉 시 불

마음이 곧
부처이다.

除此心王
제 차 심 왕

이 심왕
밖에는

更無別佛
경 무 별 불

다시 다른
부처가 없으니,

欲求成佛
욕 구 성 불

부처가 되기를
바란다면,

莫染一物
막 염 일 물

한 가지 경계에도
물들지 말라.

心性雖空
심 성 수 공

마음의 성품은
비록 비었지만,

貪瞋體實
탐 진 체 실

탐욕과 성냄은
그 몸이 실하나니,

入此法門
입 차 법 문

이 진리의 문에
들어오면,

端坐成佛
단 좌 성 불

단정히 앉아
부처가 된다.

到彼岸已
도 피 안 이

저 언덕에
이르고 나서는,

得波羅蜜
득 바 라 밀

바라밀을
얻으리니.

慕道眞士
모 도 진 사

도를 받드는
참 선비는,

自觀自心
자 관 자 심

스스로 자기 마음을
관찰하라.

知佛在內
지 불 재 내

부처가 안에
있음을 알아,

不向外尋
불 향 외 심

밖을 향해
찾지 말라.

即心即佛
즉 심 즉 불

마음 이대로
부처요,

即佛即心
즉 불 즉 심

부처 이대로
마음이다.

心明識佛
심명식불
마음이 밝으면
부처를 알고,

曉了識心
효료식심
부처를 깨달아 알면
마음을 아나니,

離心非佛
이 심 비 불
마음을 떠나서는
부처가 아니며,

離佛非心
이 불 비 심
부처를 떠나서는
마음이 아니다.

非佛莫測
비 불 막 측
부처가 아니면
헤아리지 못하고,

無所堪任
무 소 감 임
일을 맡아
감당하지 못하나니,

執空滯寂
집 공 체 적
빈 것(空)에 집착하고
고요함에 막히면,

於此漂沈
어 차 표 침
여기서 떠돌다
가라앉는다.

諸佛菩薩
제 불 보 살
모든
불보살님들은,

非此安心
비 차 안 심
여기서 마음을
쉬지 않았으니,

明心大士
명 심 대 사
마음을 밝히는
큰 선비는,

悟此玄音
오 차 현 음
이 현묘한
소리를 깨달으라.

身心性妙
신 심 성 묘

몸과 마음의
성품은 오묘하여,

用無更改
용 무 경 개

쓰고 써도 다시
고칠 것이 없네.

是故智者
시 고 지 자

이런 까닭에
지혜로운 자는,

放心自在
방 심 자 재

마음을 내려놓아도
걸림없이 자재하다.

莫言心王
막 언 심 왕

심왕이
비었다고,

空無體性
공 무 체 성

바탕의 성품이
없다고 하지 말라.

能使色身
능 사 색 신

능히
색신을 부리며,

作邪作正
작 사 작 정

삿된 일도 하고
바른 일도 한다.

非有非無
비 유 비 무

있는 것도 아니고
없는 것도 아니며,

隱顯不定
은 현 부 정

숨거나 나타남에
일정하지 않으니,

心性離空
심 성 리 공

마음의 성품은
빔(空)을 떠나서,

能凡能聖
능 범 능 성

범부도 되고
성인도 될 수 있다.

是故相勸
시 고 상 권
이런 까닭에
그대에게 권하느니,

好自防慎
호 자 방 신
기꺼이 번뇌를 막고
스스로 삼가라.

剎**邦造作**
찰 방 조 작
잠깐이라도
업을 지으면,

還復漂沈
환 복 표 침
다시 떠돌다 가라앉는
지경으로 돌아가리.

淸**淨心智**
청 정 심 지
청정한
마음의 지혜는,

如世黃金
여 세 황 금
세상의
황금과 같고.

般若法藏
반 약 법 장
반야의
법 곳간은,

並**在身心**
병 재 신 심
몸과 마음에
두루 갖추어져 있다.

無**為法寶**
무 위 법 보
무위의
법보는,

非淺非深
비 천 비 심
얕지도
깊지도 않으니,

諸佛菩薩
제 불 보 살
모든 부처님과
보살님들은,

了此本心
요 차 본 심
이 본래의
마음을 깨달았다.

| **有緣遇者**
유 연 우 자 | 인연이 있어
이 도리를 만나는 자는, |
| **非去來今**
비 거 래 금 | 과거·현재·미래가
다르지 않으리라 |

양무제가 물었다.

"부처님께서 기원정사에 계실 때 1200대중과 함께 밥 때가 되어 사위대성에 들어가 차례로 밥을 빌어가지고 와서 잡수셨다 하는데, 부처님도 우리와 똑같이 밥을 잡수십니까?"

"법신은 본래 밥을 먹지 않습니다. 응화신도 마찬가지이지만 인간이나 천상중생들께 복전을 베풀기 위해 자비로써 밥을 비신 것입니다. 옷을 벗으신 것은 생각을 쉬기 위해 하신 것이고, 발을 씻는 것은 세상티끌을 여읜 것이며, 가부좌 하신 것은 아공·법공·구공의 선에 들기 위해 가부좌한 것입니다.

수보리가 부처님을 찬탄하시고 물었다.

"선남자 선여인이 아뇩보리를 발한 사람은 어떻게 살며, 어떻게 그 마음을 항복받아야 합니까?"

"희유하고 희유한 부처님. 지극히 묘한 이치속에 평화를 얻으신 분께서 먼저 법문을 들으려면 6적(빛·소리·냄새·맛·감촉·법)을 제하고 6바라밀을 실천하라 하셨습니다. 왜냐하면 법문을 듣는 사람이 상에 집착하면 중생견에 떨어지기 때문입니다.

먼저 경계와 성색(聲色)에 관계없이 보시를 행하되 이쪽저쪽 두 변과 중생에도 머물지 말고 두려움없이 하면 그 공덕이 한량없다 하였습니다.

망상이 원수이고 탐애가 참진(叅塵)이니 욕(慾)에 있으면서도 무욕으로, 진(塵)에 있으면서도 그에 물들지 않고 방편으로 청정히 계를 지키되 오직 법왕신(法王身)만 깨달으라 하였습니다.

그리고 인욕바라밀은 참는 마음도 꿈 허깨비와 같으니 거북이털 보듯이 높고 낮음에 걸리지 않으면 마침내 탐진을 없애는 지혜를 얻는다 하였습니다.

그러므로 불꽃처럼 정진하여 지혜심과 중도견까지도 버려 생각생각에 무명을 없애고 집착된 마음을 버려야 합니다. 마음을 보는데 간단이 없으면 누구나 무여열반에 들게 되기 때문입니다.

파도가 쉬면 저절로 물이 맑아지듯 성품을 깨달으면 생각이 쉬어질 것입니다. 따지고 계산해도 알고보면 헛된 분별, 의지하는 마음만 버리면 저절로 참된 진성이 나타납니다.

반야는 지혜, 밝은 등불이 태양처럼 빛나면 5온성이 저절로 무너져 허망한 마음을 없애지 않아도 밝은 빛이 저절로 나타날 것입니다.

이렇게 6도 만행을 닦아 3아승지겁을 지나면 무아무인의 도리를 깨달아 성현의 도에 들어가 삼매를 얻으므로 무상속에서도 항상 고통속에서도 즐겁게 부자유속에서도 자유롭게, 더러움 속에서도 깨끗하게 살 것입니다.

그러니 상을 내지 말고 보시하십시오. 그 덕을 헤아리기 어렵습니다. 가난한 자들을 살피면서도 과보를 바라지 마십시오. 범부들의 행이 저열해집니다.

마치 허공처럼 툭 터진 마음으로 살면 만상삼라가 모두 제멋대로 살아갈 것입니다. "범소유상이 모두 허망하니 보는 놈이 누구인가 알면 바로 여래가 된다" 하지 아니하였습니까. 여래가 법신을 드러낸 것은 세간의 단견을 끊어주기 위한 것입니다. 32상 80종호가 내가 32상 80종호란 말을 한 적이 없습니다. 비로소 나타난 그림자는 진짜 금이 아닙니다.

이러한 믿음을 가지는 사람이야말로 깊이 인과를 믿는 사람이고 여래의 법을 감당할만한 사람입니다.

"부처님께서 다 알고 본다"고 하시지 않았습니까. 한 생각에 믿음이 나면 끝없는 미래에 가서라도 무루의 종자를 이루어 부사의(不思議)를 이루기 때문입니다. 나도 공하고 법도 공하여 두 모습이 본래 같습니다. 헛되게 분별하면 남을 의지하여 통하지 못합니다. 둥근 마음이 식해(識海)에 빠지면 표류하게 됩니다. 유형 무형 분별만 없으면 메아리에 매달릴 필요가 없습니다."

"불법이 불법이 아니라 했는데요?"

"그렇습니다. 불법은 강을 건너는 배와 같습니다. 강을 건너고 나면 배는 버려 배없는 사람이 쓰게 놓아두어야 합니다."

"불법은 얻는 것도 없고 설할 것도 없다고 하던데요. 나한도 마찬가지입니까?"

"참된 깨달음은 말을 떠나 있고 본래부터 비어 얻을 것이 없기 때문입니다. 마음을 내면 거짓이고 집착이 없어야 진짜입니다. 만약 비비법(非非法)을 깨달으면 6진에 소요할 것입니다. 사람이니 법이니 하는 것이 모두 이름입니다. 소지(所知)의 번뇌를 다하면 공중에 의지할 것이 없게 될 것입니다. 삼천대천세계에 보배를 가득 채워 보시를 한다 하더라도 이것은 유위법입니다. 무위법에 들어가야 비로소 반야선을 탈 수 있습니다. 성문 4과를 증득한다 할지라도 돌아갈 곳이 없습니다. 인천 어느 곳에도 들어갈 곳이 없어야 진짜 나한 경계를 벗어날 수 있습니다. 생이 없으면 멸도 없나니 내가 없는데 무슨 번뇌가 있겠습니까. 경계를 잊으면 마음도 없어집니다. 어느 곳에 탐진치가 자리잡겠습니까."

"그러면 불국토는 장엄할 필요가 없겠네요."

"옛 선혜가 금일 능인이니, 만약 범성에 인과가 있었다면 연등부처님이 수기를 주지 아니했을 것입니다. 마음 땅이 청소되면 그대로 정토라 복과 지혜를 논하지 아니할 것입니다. 수미산이 아무리

높다 해도 법왕신만 못합니다. 제가 높은지 낮은지 알지 못하기 때문입니다. 한계가 있는 것은 큰 것이 아니고 색상이 있는 것은 법신이 아닙니다. 항하사수 세계에 7보를 가득 채워 보시한다 하더라도 4구게의 공덕만 못합니다. 3계의 부귀는 결코 부셔지고 말 것이기 때문입니다. 그러므로 바른 가르침은 존경되어야 하는 것입니다.

그러나 이름 가운데 뜻이 있습니다. 금강의 진짜 지혜가 중생의 악견을 파하고 바라밀을 통해 저 언덕에 이르러 가기 때문입니다. 티끌세계는 아무리 쪼개도 결국 티끌에 불과하기 때문에 환(幻)인 줄 알아야 합니다. 옛날 500마리의 원숭이가 물속의 달을 탐하다가 모두 다 죽었습니다. 그러나 법신은 5온신을 여의지 않고 있기 때문에 보이는 것이 꿈인줄만 알면 전·후·중간에 속지 아니할 것입니다. 그러므로 부처님께서 변계(遍計)를 알아 멀리 여의어야 원만한 깨달음을 얻는다 하신 것입니다.

마음에 경계가 없으면 경계심(境界心)이 없어 보는 것마다 실상이 되기 때문입니다. 쑥은 삼대를 보면 안됩니다. 삼대밭에 있다 보면 속없이 상대를 따라 삼대처럼 커지기 때문입니다. 불속에서 연꽃이 피게 하려면 모든 상을 여의고 선정에 들어야 합니다. 선정은 법왕가에 들어가는 지름길이 되기 때문입니다. 열반과 보리에 무슨 상이 있고 소연(所緣)이 있겠습니까. 바라밀은 어리석은 정을 제거하는 돛단배, 그 배를 타면 반드시 득실시비가 없는 저 언덕에 이르러 갈 수 있습니다.
포악무도한 가이왕이 선인(仙人)을 만나 조각을 내었어도 선인은 일찍이 5백생 동안 한번도 화를 낸 일이 없습니다. 보살의 깊은 지혜가 어느 곳에는 걸리겠습니까. 그러므로 옛적에 살을 베어 비둘기를 살리고 몸을 던져 주린 호랑이를 살린 것입니다. 온·처·

계(蘊·處·界)에 실이 없는 줄 알면 말마다 허망하지 않을 것입니다. 그러므로 여래는 진어자이고 실어자이고 여어자이고 불광어자이고 불어어자라 하신 것입니다.

적정처(寂靜處)에도 걸리지 마십시오. 종횡으로 다 터져야 거울 가운데 그림자를 볼 수 있습니다. 마음이 밝으면 그림자가 나타나나니 마음이 갖가지 옷을 입히더라도 그것은 편리한 방법이지 목적이 아닙니다. 병이 없으면 약도 필요 없습니다. 팔만대장경이 모두 약방문에 불과하기 때문입니다.

중생과 수라는 5온상에 붙어있는 헛된 이름입니다. 거북이털·토끼뿔과 같아 실이 없습니다. 몸을 버리는 것은 허망한 생각을 버린 것이고, 명을 버린 것은 어리석은 뜻을 없앤 것입니다. 그러므로 복과 지혜는 비교가 되지 않는 것입니다. 짓는 것은 의타기성(依他起性)이고 닦는 것은 공덕입니다.

그러나 마침내 고요한 생각에 나아가고 중생은 건진다는 마음이 없어야 자비 지혜를 쓰는데 넓고 크고 깊은 것입니다. 나도 이롭게 하고 남도 이롭게 하는 것은 작은 성인들은 할 수 없는 일입니다."

"그럼 능히 업장을 깨끗이 하려면 어떻게 해야 합니까?"
"이미 받은 몸은 전생의 과보이므로 장애가 있으나 오늘 당장 경전을 가지고 공부하면 남에게 약간 업신여김을 당하므로써 능히 편계소집(偏計所執)을 제거하고 반야를 의지하여 살 것이니 원성실성(圓成實性)이 이루어지지 않겠습니까.

부처님은 연등불 전에서 4상을 버리고 보리도를 구했습니다. 연등은 일찍이 선혜보살을 교화한 일이 없습니다. 오랜 세월 부처님을 따라 공양하더니 점점 단견(斷見)이 끊어져 없어진 것입니다. 사실 허망한 마음만 없으면 점점 미혹심이 없어질 것입니다. 그러니 끝까지 무아(無我)한 줄을 알아야 할 것입니다. 무심으로 자신을 삼으면 자비를 행하는데 의망(疑妄)이 없을 것입니다. 왜냐하면 중심을 제도하려면 방편으로 나와 내 것을 내세우게 되기 때문입니다. 나와 법은 상대적인 것입니다. 두 상이 본래 같은 것이니 법이 공한 줄 알면 사람도 공해집니다. 둘 다 공한데 누가 수기를 하고 수기를 받겠습니까. 그래서 일체를 똑같다고 한 것입니다."

"그러면 5안도 공한 것입니까?"
"천안은 장애가 없는 것이니 육안은 장애가 있습니다. 법안도 속(俗)을 보고 혜안은 옳고 그름을 보며, 부처님 눈은 천개의 해와 같아 안과 밖 상하가 없습니다. 복덕은 바람과 같고 4구게는 허공과 같습니다. 깨달은 사람이 만물을 따라 갖가지 모습을 나타내도 이치를 본다면 하나도 아니고 다르지도 않습니다. 나와 내 것을 다 버리고 나면 색심이 하나가 될 것입니다. 그러므로 불법을 설한 자는 설한다는 생각도 없이 설해야 되는 것입니다. 거기에는 처음도 끝도 없습니다. 왜냐하면 법은 가히 얻을 수 있는 것이 아니기 때문입니다.

바다와 육지가 한 세계이고 하늘은 날아도 다르지 않습니다. 법 중에는 파벌 친소가 없기 때문입니다. 하물며 고저장단이 있겠습니까. 만약 무생인을 깨닫고자 한다면 탐진치만 여의면 됩니다. 사람과 법에 내가 없으면 6진에서 소요자재할 것입니다.

중생이 인과를 닦아 열매가 익어지면 저절로 원만하기 때문에 누구의 힘도 필요치 않습니다. 고기를 잡았으면 통발은 놓아버리면

됩니다. 그래서 부처님께서 '만약 색으로서 나를 보거나 소리로써 나를 구하는 사람은 사도(邪道)라 여래를 볼 수 없다' 하신 것입니다."

"그러면 법신은 아주 모양이 없는 것이겠네요?"
"상·락·아·정(常·樂·我·淨)의 네 덕을 구족한 열반은 색도 소리도 없지만 진짜 대아(大我)가 되어 어느 곳에 가던지 자재를 얻을 것입니다.
상이 상이 아니고 법과 법이 법 아닌 줄 알면 온갖 상이 구족 빈 허공 가운데 만물이 구족한 것과 같은 것이니 여기에는 끊어졌다 영원하다는 생각이 있을 수 없습니다. 6근이 버려지면 모든 욕심이 없어져 애정을 버릴 것이고, 상에 탐만 없으면 마땅히 법왕문에 이를 것이기 때문입니다. 그러니까 가든지 오든지 위의를 적정하게 하여야 합니다. 세계와 티끌이 하나이듯 보신과 응신도 둘이 아닙니다. 두 눈썹이 제자리를 지키면 눈 또한 더욱 아름답게 됩니다."
"안다는 생각, 이것이 큰 병이로군요?"
"여래는 법상(法相)도 없습니다. 일체 유위법이 꿈·허깨비·물거품·그림자·이슬·전기와 같기 때문입니다. 눈병 난 사람이 허공 가운데서 등환(燈幻)을 봅니다. 물 속의 달을 건져 본 사람이라면 하늘의 달에도 속지 아니할 것입니다. 마지막 나의 게송을 들으십시오.

변계(偏計)는 새끼줄을 뱀으로 착각합니다.
마음에 의심이 있는 자가 어두운 곳에서 귀신을 보고
눈병 난 사람이 공화를 봅니다.

남을 의지한 사람(依他) 바람에 넘어지나니

빛이 오면 그림자 없어지고
등불이 오면 실내가 밝아집니다.

울타리가 없으면 네 집 내 집이 뚜렷하게 하나를 이룹니다.
어묵(語默)에 무슨 상관이 있겠습니까.
법성은 진속에 관계없이 항상 존재하고 있는데."

이것이 부대사의 금강경 강의 내용이다.

동해용왕 처용(處容)

신라 49대 헌강왕 때 경주에서부터 바닷가까지 좋은 집들이 줄지
어 늘어섰고, 담장이 잇닿아 있었는데 초가집은 한 채도 없었다.
도로에는 음악과 노래가 끊이지 않았으며 바람과 비는 사철 고르
게 불고 내렸다.

이 때 대왕이 울산 개운포에 놀러갔다가 장차 어가를 돌려 환궁
하려고 하였다. 낮에 물가에서 쉬고 있는데 문득 안개와 구름이
짙게 끼어서 길을 잃었다.

왕이 괴이하게 여겨 좌우의 신하들에게 물으니 일관(日官)이 말했다.
"동해에 사는 용왕이 변괴를 내리고 있으니 마땅히 좋은 일을 하
여야 풀릴 것 같습니다."

이에 유사에게 명하여 용을 위해 가까운 곳에 절을 짓게 하였는
데 이내 구름이 걷히고 안개가 흩어졌다. 그로 인하여 그 바다 이
름을 개운포라 부르게 되었다.

동해의 용이 기뻐 즉시 일곱 아들을 거느리고 어가 앞에 나타나
왕의 덕을 찬양하며 춤을 추고 음악을 연주하였다. 그 중의 한 아
들이 어가를 따라 서울로 들어와 왕정의 정사를 보좌하였는데 이
름을 처용이라 불렀다. 왕이 그에게 미녀를 주어 아내로 삼고 또
한 급간의 직책을 주었다. 그를 오랫동안 머물러 있게 하려는 뜻
이었다.

처용의 처가 매우 아름다워 역신(疫神)이 흠모하였다. 아무도 없

는 밤이 되면 사람으로 변신하여 처용의 집에 와서 그녀와 자곤
하였다.
처용이 밖에서 돌아와 침소에 두 사람이 누워있는 것을 보고 노
래를 부르며 춤을 추고 물러갔다.

동경 밝은 달밤 깊도록 놀고 다니다가 들어와
잠자리를 보니 다리가 넷이로구나.
둘은 내 것이지만 둘은 누구의 것인가.
본디 내 것이지만 빼앗긴 것을 어찌하리.

그 때 역신이 모습을 드러내어 처용 앞에 무릎을 꿇고 말하였다.
"내가 그대 아내를 탐내 범했는데 공이 성내지 않으니 감동스럽고
아름답게 생각합니다. 맹세코 오늘 이후로 그대의 형용을 그린 그
림을 보면 그 문에는 들어가지 않겠습니다."
이로 인하여 나라사람들이 문에 처용의 그림을 그려 붙여 삿된
것을 물리치고 경사스러운 일을 맞이하려고 하였다. 왕은 돌아오
자 영축산 동쪽 기슭에 좋은 땅을 정해 절을 짓고 망해사(望海寺)
라 하였는데 뒤에 신방사(新房寺)라 부르기도 하였다.

※ 동해 용왕은 뒤에 중동지방에서 온 상인들임이 밝혀졌다.

부설(浮雪)과 영조·영희

신라 진덕여왕이 왕위에 오르던 첫해에 왕도 남쪽 안 향아(香兒)라는 고을에 진씨(陳氏)의 아들이 있었으니, 이름은 광세(光世)였다. 태어날 때부터 영리하고 명석하여 힘들이지 않고서도 저절로 잘 알았다. 여러 아이들과 소꿉놀이를 할 때도 평범한 아이들과 같지 않았다. 혹은 서쪽 하늘을 바라보면서 해지는 줄 모르고, 혹은 숲속에 한가히 앉아 있기도 하였다. 스님을 만나면 기쁨을 감추지 못하고, 살생을 보면 눈살을 찌푸렸다. 드디어 불국사를 찾아가 원정(圓淨)스님에게 몸을 의탁하고, 구거(비둘기 모양의 수레)를 가지고 노는 나이에 삭발을 하고, 죽마를 탈 나이에 현묘한 이치를 통달하였다.

법명은 부설(浮雪)이며 자는 천상(天祥)이다. 서리 내린 소나무 같은 고결한 지조와 맑은 호수에 비친 밝은 달 같은 청허한 마음을 지녔다. 계행은 빛나고 온전하였으며, 지혜는 그윽하고 고요하였다. 그릇의 넓이가 깊어서 헤아리기 어렵고, 지식과 법도는 통달하고 민첩하니 영남지방과 고덕(高德)들은 모두 크게 쓰일 그릇이 되리라고 기대하였다.

밖으로는 스님의 옷을 입고 안으로는 용맹스럽게 학문을 넓혀갔다. 이윽고 박 넝쿨과 오이처럼 한곳에 얽매여 있는 것을 통탄하다가 사방으로 나이 많고 덕망 높은 스님들을 찾아다니려 하다가 홀연히 뜻이 맞는 영조(靈照)·영희(靈熙)를 동무로 삼았다. 그들은 모두 인자하고 이해심이 많았으며, 확고하게 자신을 세웠고, 온화함을 공경하고 본성을 찾고자 하였다. 마음도 도 밖에 있지 아니하였고 행실은 말보다 앞섰다. 욕심을 적게 하고 탐욕으로 구하지 않음을 귀중히 여기고, 단정히 살면서 세상의 일에 번거롭지 않는 것을 좋아하였다.

계수나무 노를 저어 남해를 돌아 두류산에 머물면서 4아함경을 꿰뚫고 정밀하게 5명(明)을 논하였다. 송홧가루를 먹으면서 고요함을 관하고, 연실(練實)을 먹으며 도를 즐겼는데 어느덧 3년이 흘렀다. 다시 천관사에 건(巾)을 걸고 5년간 머물렀으며, 능가사에 지팡이를 날렸다. 두루 유람하며 기이한 경계를 골라 법왕봉 아래에 드디어 초가집 한 칸을 짓고 묘적(妙寂)이라고 이름을 붙였다. 이는 참선의 고요함에 오묘히 들어간다는 것을 이른 것이다.

세 사람이 한집에서 한마음으로 도를 닦고 참선할 때(유마힐이 비야리성에서) 입을 굳게 다물고 말하지 않으며 마갈타국에서 문을 닫은 것처럼 10년 동안이나 인연을 끊고 3생의 꿈을 단절했다. 학문은 이미 모든 문자에 통하였고, 수행은 구슬보다 깨끗하였다. 제각기 지난날에 길렀던 참다운 도를 한 편의 시로 지었다.
영조가 먼저 읊었다.
좋은 곳을 가려서 그윽이 살던 곳은
소나무 우거진 산마루의 임자였네.
참선에 들어가니 둘이 아닌 하나임을 깨닫고
도를 탐구하니 삼승의 경지 이룸이 기쁘구나.

옥은 캐어 놓았건만 아는 사람은 그 누구일까
꽃을 머금은 새만 지저귀네.

쓸쓸히 세속의 일이 없으니
일미(一味)의 법문에 참례하였도다.

영희가 이어서 읊었다.

환희령에 구름 걷히고
노송 드리운 암자에 달빛 찾아드네.
지혜의 칼날 천만 번 갈아 닦아
마음바탕 두세 번 쓸어냈네.

동천(신선이 사는 곳)에 봄은 고요하건만
산새 지저귀며 아침을 열고,
모두 무생(無生)의 즐거움을 지니고
현관(玄關)에 들었으니 참예할 것 없어라.

부설거사는 기쁜 마음으로 화답하였다.

공적 오묘한 법 함께 잡고서
구름이 머물고 학이 춤추는 작은 암자에서 함께 지냈네.
이미 무이(無二)에 귀의하여 둘이 아닌 것을 알았으니
그 누구에게 전삼삼후삼삼(前三三後三三)을 물을 것인가.

한가히 바라보니 꽃은 요염하게 피어 있고
무심히 창가에서 지저귀는 새소리를 듣노라.
곧장 여래의 경지를 찾아들어 갈지언정
어찌 오랜 세월 참예하랴.

오대산으로 찾아가려고 생각했는데 오대산이 바로 문수도량이다.

그 곳에 가서 참배하려고 길을 떠나 북쪽으로 갔다. 그들은 두릉(杜陵)의 백련지(白蓮地)에 있는 구무원(仇無寃)의 집에 머물렀다. 그 집의 노인은 청신거사(淸信居士)로 본래 청허(淸虛)함을 숭상하여 매우 간절하게 도를 구하였다. 깨달음의 실마리가 될 만한 법문을 듣고서 자신도 모르게 혀를 내두르며 상좌로 그를 맞이하였다. 예전에 면식이 있는 사람처럼 정성을 들이고 이부자리와 음식 맛에 극진한 예를 다하지 않음이 없었다. 세상에서 말하는 드문 일이라 하겠다.

단란하게 하룻밤을 보내고 다음날 날이 밝았다. 그런데 봄비가 내려 길이 질척거려서 걷기가 불편하였다. 하는 수 없이 청신거사의 집에 머물렀다. 하물며 늙은 주인이 법을 묻는 마음에 있어서랴. 늙어서도 더욱 돈독하고 시간이 흐를수록 더욱 견고해졌다. 물음에 답하면서 낮이나 밤이나 오가는 말은 마치 마명(馬鳴)보살의 지혜로운 말씀과 용수(龍樹)보살의 걸림이 없이 흐르는 강물과 같은 설법이었다. 사람과 귀신도 모두 기뻐하고, 멀고 가까운 사람도 기뻐하여 당파리처럼 손이 닳도록 비비며 무릎을 굽혀 귀중한 보배를 얻은 듯하였다.

그 주인에게 딸이 하나 있었다. 묘화라고 하는데 꿈에 연꽃을 본 뒤에 낳았기 때문이다. 얼굴과 재예가 뛰어난 것은 한때라지만, 사랑스러우면서도 유순하고 엄하면서도 절의의 지조가 있었다. 비록 가난한 집에서 자랐지만 사람들이 드물게 보는 소녀였다. 이날 설법하는 소리를 듣고 갑자기 슬픔에 복받쳐 구슬프게 울고 그치지 않았는데 마치 아난이 마등을 만나고 양왕(楚襄王)이 무신(巫神)을 만난 이야기 같았다.

부설을 곁에서 가까이 모시면서 떨어지려 하지 않았는데 맹세코 부부가 되면 죽어도 원이 없거니와 만약 버리고 떠난다면 결단코 목숨을 끊어버리겠다고 하였다. 부모는 딸을 사랑했기 때문에 법사에게 머리를 조아리면서 딸을 제도해 주시라면서 낮이나 밤이나 천만 번 기도하였다.

부설거사는 쇠와 돌처럼 견고한 뜻을 굽히고 감히 욕망을 좇아 심취하지 않았는데, 어찌 여색에 미혹되겠는가. 애연(愛緣)이 도의 계율에 방해되는 것을 깊이 두려워하면서도 보살의 자비로운 뜻을 생각했다. 결국 대례를 갖추지 않았으나 한 마디 말로 혼례를 치렀다. 진실로 밀을 씹는 것처럼 맛이 없고, 연꽃에 물이 묻지 않은 것에 비길 만하였다.

영희·영조 두 스님은 본래 도를 구하려 생각하였다가 서쪽 외진 곳에서 벗을 잃고 서울로 올라갈 면목이 없어 행식이 몹시 쓸쓸하였다. 이에 게송을 써서 주었다. 영조가 먼저 지었다.

단지 지혜는 헛된 견해를 이루었고
일편 자비로써 애연이 걸렸네.
둘이서 가는 길은 언제나 즐겁고
하나의 도는 저절로 그리 되는 것.

달이 흘러가면 구름도 달리고
바람 부는지 펄럭이는 깃발 보면 알겠네.
명검(干將)이 손에 쥐어져 있으니
어찌 여색에 머물 수가 있으랴.

영희가 이어서 화답하였다.

한 삼태기로 높은 대(台)를 이룬 힘이요,
깊은 못에서 좋은 불연으로 날갯짓하네.
수행은 대나무를 쪼개듯 나아가고
득도는 말에 채찍질하듯 이루어지네.

삼생의 누(累)를 벗지 못하고서
구무원의 집에 한 생각으로 얽매였네.
언젠가는 엎질러진 물을 다시 담아서
먼 훗날 서로 만나 발걸음을 같이 하세.

부설선사는 또한 원융한 말로 보운(步韻)으로 이에 화답하였다.

깨달음을 평등하게 이루고 수행은 더할나위 없이 하며
깨달음 인연 없는 데에 계합하고,
제도는 인연 있는 데서 한다네.
진리에 몸을 맡기고 처세하니 마음이 넓어지고
집에 머물며 도를 이루니 몸이 반듯하게 퍼지네.

둥근 구슬을 손바닥에 쥐니 붉고 푸른빛을 분별하고
밝은 거울 대에 꽂으니
호인(胡人)과 한인(漢人)이 뚜렷하도다.
색과 소리에 걸릴 것이 없으니
굳이 깊은 산골에서 오래 앉을 것 없을레라.

드디어 솔잎차를 가져다 가득 부어주면서 두 동무에게 이별의 말을 건넸다.
"도라는 것은 출가(검은 옷)와 재가(흰옷)에 달려 있지 않으며, 도라는 것은 번화한 거리와 조용한 초야에 있느냐에 달려 있는 것도 아니다. 부처님의 뜻은 중생을 이롭게 하는데 있으니, 우리 도반들은 깊이 참구하여 법을 많이 배우고 와서 늙은이를 경책하게.”

선사는 의기가 당당하셔서 모습은 몸은 세속에 묻혀 있으나 마음만은 사물의 밖에 있었으며, 3업(業)을 정밀하게 닦고 6도(度)를 널리 행하며, 내외의 경전을 두루 통달하였으며, 말씀은 언제나 전장(典章)을 벗어나지 않았다. 사방의 이웃이 기뻐하며 찾았고, 팔방에서 서로 옷깃을 이끌면서 모여들었다. 의원을 구하는 선비들도 바람처럼 몰려들고, 약을 먹으려는 사람들도 한곳으로 모였다. 어리석은 이들도 모두 깨닫고 마른 지푸라기를 적시듯 법을 널리 편 지 15년이나 되었다.

묘지서장(妙指書帳)에 법윤(法胤)이 둘 있었는데, 사내아이는 등운이며 딸은 월명이다. 이들은 모두 길몽으로 얻은 자식이라고 하였다. 석가모니 부처님께서 안았다가 보낸 병아리처럼 용모와 거동이 자상하고 단정하며, 은근한 절개와 높은 기상을 지녔다. 배울 때에는 생각하지 않고도 스스로 깨달았고 채찍 그림자만 보아도 바람처럼 달리는 추풍(追風 ; 준마의 이름)처럼 하나를 들으면 열을 알았다. 3장의 교해에서 노닐었고 육경의 사림에서 놀았다.

지극한 도인이 이곳에 계시니 모든 만물은 병들지 아니하고, 바람과 비가 때맞추어 내려 벼와 곡식이 풍성하니 하루는 계산하면 부족하나 한 해를 헤아려 보면 남음이 있었다.

그 고을에서 높은 덕망을 갖춘 이승계(李承桂)와 상사 김국보(金國寶) 등과 방외의 교분을 맺고 서로 한가한 가운데에서 얻는 즐거움으로 나이의 많고 적음도 잊어버리고 내외가 하나가 되어 날마다 모여서 의리를 강론하였다. 바람이 부나 비가 내리나 눈이 오거나 서리가 차거나 소식을 끊지 않았는데, 혜원(慧遠)이 연꽃에 심취하여 구경하는 것과 한퇴지가 옷을 남겨 두었던 것과 견줄 만하였다.

이에 번잡한 세상의 모든 일을 쓸어서 두 아이에게 맡겨두고, 따로 집 한 채를 짓고 옛 업장을 정련하였다. 부설은 재물을 빼앗고 도적질을 하는 등의 본래 6문(門)에서 비롯된 이견을 없애고 자성을 돌이켜 하나의 진실이 홀로 드러나게 함은 방편을 빌릴 것이 없다고 하였다. 거짓으로 걸음을 걷지 못한다고 하면서 병자라고 일컫고, 마음이나 약을 사람에게 날라오게 했으며, 대변이나 소변을 눌 때 기력이 없는 것처럼 하고서 마음을 가라앉히고 공부할 적에 성도할 것을 결심하고서 비야리의 유마거사처럼 말하지 않는 것을 사모하고 소림사의 면벽을 그리워하였다.

이윽고 기약한 지 5년이 되던 해에 샛별을 보고 통달한 것처럼 다시 남은 찌꺼기를 깨끗이 하니, 지혜의 봉우리가 다시 높이 솟았다. 이에 화엄법계에서 고삐를 부수고 원각묘량에 편안히 앉아서 스스로 즐길 뿐 남에게 말하지는 않았다.

옛 동무인 영조·영희 두 사람이 오랫동안 두루 명산을 찾아 유람하고 인연을 따라서 다시 두릉 마을 청신거사의 집에 이르게 되었다. 그 때 거사와 우바이는 죽은 지 오래 되었으므로 물어볼 사람이 없었는데, 문득 관(冠)을 쓰고 비녀 꼽은 지 얼마 되지 않은 단정한 남녀를 만나서 부설거사의 안부를 물어보고, 지난날 뜻을 함께한 동무로 지냈던 인연을 말하였다. 남녀는 서로 돌아보고 눈물을 흘리며 집에 들어가 말씀을 드렸다. 부설거사가 말하기를, "옛 친구가 돌아왔다는 기쁜 소식을 들으니 오랜 병이 갑자기 나았구나. 기분이나 몸이 거뜬하고 편안하게 정당(正當)에다 자리를 펴서 편안하게 하고 대접할 음식을 장만하라. 그들은 반드시 뛰어난 도인이요, 널리 사물을 아는 군자들이다. 그들을 받아들여 뜻을 거스르거나 태만하지 말라"고 하였다.

이에 곧장 일어나 즐겁게 맞이하고 서로 쌓인 옛정을 폈는데, 근기(根器)의 민첩함은 밝은 달처럼 빛나고 신의 송곳처럼 예리하였다. 두 남매의 마음에는 상인(上人)의 법력을 입어서 아버님 병이 나은 것이라 생각하고 오체투지하여 하늘에 계신 신보다 더 공경하였다.

부설거사가 말하기를, "병 세 개에 물을 담아 오너라. 공부가 얼마나 익었는지 시험해 보리라"하고는, 들보 위에 병을 달아 놓고 각기 병을 쳤는데 영희·영조 두 사람 것은 병과 물이 모두 부서져 쏟아져 내렸다. 부설 또한 병을 쳤는데 병은 깨어졌어도 물은 공중에 매달려 있었다. 이어서 두 사람에게 말하기를, "신령스러운 빛이 홀로 나타나니, 근진(根塵)을 멀리 벗어버리고 몸에 본성의 진상이 나타나니, 생과 멸에 얽매이지 않는다. 무상한 환신(幻身)이 삶과 죽음을 따라서 옮겨 흐르는 것은 병이 깨져 부서지는 것과 같으며, 진성은 본래 영명(靈明)하여 항시 머물러 있는 것은 물이 공중에 매달려 있는 것과 마찬가지이다. 그대들이 두루 선지식을 찾아보았고 오랫동안 총림에서 세월을 보냈는데 어찌하여 생과 멸을 섭수하여 진상을 삼고 환화(幻化)를 공으로 하여 법성을 지키지 못하는가? 다가오는 업에 자유와 자유가 없음을 증험하고자 할진대, 상심(常心)이 평등한가 평등하지 못한가를 알아야 한다. 그러나 오늘날 그러하지 못한데 지난날의 엎질러진 물을 다시 담자는 경계는 어디로 갔으며, 함께 행하자는 맹세는 아득히 멀구나"라고 하였다. 이어서 게송을 읊었다.

눈으로 보아도 본 바가 없으니 분별이 없고
귀로 들어도 소리가 없으니 시비가 끊어졌도다.
분별시비 다 놓아버리면 스스로 자기 부처에게 돌아가리라.

그 때 하늘의 구름이 가득히 퍼지고 하늘의 음악은 허공에 가득히 메아리쳤다. 단정히 앉아 한 생각으로 해탈함을 보이니, 향기는 바다 밖까지 날리고 꽃비가 하늘에서 내렸다. 두 스님이 관을 들어 화장을 하니 불꽃 속에서 학이 춤을 추고 빗방울은 사리 구슬에 적셨다. 사리를 수습하여 보배로운 병에 넣고서 묘적봉의 남쪽 기슭에 묻고 부도를 세웠다. 그리고 명양(冥陽)의 법회를 베푸니 호남지방의 선비들이 도량에 구름처럼 모이고, 위북(渭北)의 지방에서 선을 강할 적에는 신령스런 멧부리에 바람처럼 몰렸다.

당시 도문(道文)·도전(道全)·법해(法海)·법운(法雲)은 모두 부처의 제자 중에 용상의 덕을 지녔고 세간의 사표였다. 흐르는 물결처럼 맑은 설법은 단단한 돌덩이까지도 머리를 끄덕였다. 법회가 끝나기도 전에 (부설거사의) 두 남매는 동시에 머리를 깎았다. 그리고 집을 지어 한곳에 살면서 눈물은 고도(苦茶) 나무에 뿌리고 정신은 연지(극락세계)를 생각하였다. 삶을 가볍게 여기고 절개와 같은 것은 구구(九丘 ; 우주)에서 성인들의 발자취를 열람하며 봤고, 불법을 위하여 몸을 잊고, 8장(藏)에 깊은 뜻을 탐구하였다. 아버지와 세속에 함께 하면서 닦았던 덕망을 그리워하며 등에 불을 켜고서 부처님을 이으려는 마음을 품어 부처님이 계시는 보배로운 곳에 머물며, 비니(계율)에 목욕을 하고 반주삼매의 경지를 단련하여 정토의 구품연대를 언제나 생각하였다.

세월은 덧없이 흘러 상유(죽음)에 임박하여 고을의 도인과 선비들에게 두루 고하고, 산중의 승려를 널리 불러 열반하려는 모습을 보이고 방편의 문을 여니, 풍문을 듣고 많이 모여 검고 흰옷을 입은 승려와 선비가 개미 떼처럼 운집하였다.

월명은 온몸이 붉은 구름을 타고서 문득 서천을 향하여 날아가고, 등운대사는 인수에 푸른 구슬을 떨치며 보배로운 게송을 물 흐르듯 말하였다.

잠을 깨니 삼생의 꿈이 사라지고
몸은 구품의 연지에서 노니누나.
바람이 잠잠하니 맑은 지혜의 바다요
달이 오르니 소슬한 가을 하늘이라.

떠나가는 길에는 신선의 풍악이 가득하고
식신의 요지에 법선을 저어가네.
반야 삼매의 경지 완숙하니
극락의 일이 기쁘기만 하여라.

글씨를 다 쓰고 용모를 단정히 하고서 웃음을 머금고 영원히 돌아가시니, 상서로운 꽃은 방안에 가득하여 특이한 향기가 1년 내내 그윽하였다. 멀고 가까이에 있는 사람이 이러한 것을 보고 듣고 길가에서 그들의 이로움이 매우 깊었고, 공덕이 무궁함을 칭찬하였다.

그의 어머니 묘화는 1백10년을 살고 죽으려 할 적에 집을 희사하여 절을 짓고서 부설이라고 하였다. 이에 산사의 큰스님들이 두 아이의 이름으로 암자의 이름을 붙여 지금까지 등운암(登雲庵)과 월명암(月明庵)이라고 한다.

신라의 인도 유학승들

죽음을 무릅 쓰고 사막을 넘어 인도까지 유학한 사람들은 무루스 님뿐이 아니고 혜림의 일체 경율의에 보면 혜초도 신라 사람이다. 나이가 약관에 가까워서 당나라에 갔다가 오래지 않아 천축에 들어 갔다. 5천축을 편력하다가 무릇 십년이 되어 다시 당으로 돌아왔 다. 오대산에서 54년간을 머물렀다. 바다로 가서 육로로 돌아왔다.

혜초는 처음 금강지삼장을 섬겼으나 후에는 불공삼장을 모셨다. 모두 경전을 번역하는 도량에 있으면서 필수로 많이 있었다. 혜초 는 대개 진언종이다.

광함(廣函)의 구법고승전에 이르되, 승려 아리나발마(阿離那跋摩) 도 신라 사람이다. 처음 올바른 가르침을 받고서 일찍이 중국으로 들어갔다. 부처님의 자취를 찾아보려는 생각과 용기가 더욱 솟아 나 정관 연간에 장안을 떠나 오천축에 이르러 나란타사에 머물렀 다. 그 곳에서 율과 논을 많이 열람하고 패협을 베껴 썼다. 마음 으로는 몹시 돌아가고 싶었으나 기약한 바를 이루지 못한 채 갑 자기 입적하였는데 나이 70여세 때의 일이다.

이를 이어 혜업(惠業)·현태(玄泰)·구본(求本)·현각(玄恪)·혜륜 (惠輪)·현유(玄遊)와 이름이 전하지 않는 두 법사가 있었다. 모두 다 몸을 잊어버리고 법을 따라 중천축에 와서 교화를 보려고 한 것이다. 그러나 중도에서 요절하기도 하고 살아남아 사찰에서 머무른 이도 있었지만 다시 신라나 당나라로 돌아오지 못하였다. 오직 현태법사만이 당으로 돌아왔으나 또한 어디서 돌아가셨는지 알지 못한다.

천축 사람들이 해동을 '구구타예설라(矩矩吒醫說羅)라고 부르는데, '구구타'는 '닭(鷄)'을 말하고, '의설라'는 '귀(貴)'라는 말이다. 그곳(천축)에 서로 전해지길, "그 나라에서는 계신(鷄神)을 공경하여 존귀하다고 여긴다. 그러므로 깃을 달아 장식한다"고 했다. 다음과 같이 찬한다.

천축 하늘 저 멀리 첩첩이 쌓인 산,
가련하다. 유학하는 스님들 힘써 기어올랐구나.
얼마나 긴 세월을 외로운 배를 띄워 보냈던가!
보지 못하였노라! 구름 따라 지팡이 짚고 돌아오는 것을.

해동고승전에서 말하였다.
승려 아리야발마는 신통과 지혜가 있어 홀로 깨달았다. 생긴 모습이 보통 사람들과 달랐다. 처음 신라에서 중국으로 들어가 스승을 찾아 가르침을 청할 때, 비록 그 길이 멀다 하여도 찾아가지 않음이 없었다. 깊은 골짜기를 내려다보면서 쉬고, 하늘에 올라 임하였다. 당시의 규범이 되고자 하였을 뿐 아니라 내세를 이어주는 나루터가 되고자 하였다.

승려 현대(玄大 ; 玄太, 玄泰)는 신라 사람으로 법명은 살바신야제바(薩婆愼若提婆 ; 당나라 음으로 一切智)이다. 어릴 때에도 침착하여 외물(外物)에 동하지 않았고, 대인의 상을 갖추고 있었다. 파나 생강처럼 냄새나고 매운 음식을 먹지 않았고 노는 것을 좋아하지 않았다. (9자 결여) 일찍이 배를 띄워 당으로 갔다. 학문이 범상하지 않았는데 오묘한 이치를 밝히고 미묘한 이치를 궁구하였다.

고종(高宗) 영휘(永徽) 연간(650~655)에 드디어 중인도로 가서 보리수에 예배하고 사자(獅子)처럼 유행하며 반려를 구하지 않았다. 오루(五樓)의 황금 지팡이를 떨치고 삼도(三途)의 보배 계단을 바라보았다. 그 멀리 사모하는 바가 험난하고 위험하더라도 풍토를 두루 살펴보려고 하였으나 다 이룰 수는 없었다. 문득 대각사(大覺寺)를 향하여 가서 석장을 걸어놓고 머물며 자세히 경론을 검토하고 그 지방의 풍속을 두루 살폈다. 훗날 중국(震旦)으로 돌아와 법을 널리 펼치니 숨은 공적이 드러났다. 높고 높구나! 그가 공을 이룸이여!

〈해동고승전〉

승려 현유(玄遊)는 고구려 사람이다. 성품이 남과 잘 화합하며 마음이 넓고 밝았다. 타고난 성질의 따뜻하고 부드러우며 생각은 언제나 자리(自利)와 이타(利他)에 있었다. 뜻을 묻고 구함을 중시하였으므로 잔을 타고 물결을 거슬러 올라가기도 하고 그윽한 골짜기에 집을 짓기도 했다.

당에 들어가서는 승철(僧哲)선사를 예를 다해 받들어 모셨으며, 옷을 걷어 올리고 불교의 깊은 가르침을 물려받았다. 부처님의 자취를 사모하여 승철과 함께 배를 타고 서역에 들어갔으며, 인연을 따라 교화하며 성지를 순례하면서 두루 다니다가 동인도로 돌아왔다.

유행을 할 때에는 항상 고덕(영웅)을 따랐다. 인도에 머물게 되어 지혜의 햇불이 일찍 밝았고, 선의 지류도 일찍이 무성하였다. 끝까지 궁구하여 그 도량을 가득 채웠다. 빈 몸으로 갔다가 결실을 맺고 돌아오니 진실로 '불가의 동량이며 승려의 영수'였다.

산골짜기에 감추어 둔 배가 가만히 옮겨지듯이 능곡(陵谷)이 뒤바뀌는 것을 슬퍼하며, 세월(居諸)은 쉽게 저물고 인간 세상의 무상함을 슬퍼하지만 뗄나무가 다하면 불은 꺼지니 다시 어찌 좇아갈 수 있겠는가?

의정(義淨) 삼장은 현유가 유년시절부터 법을 사모하고 뜻이 굳센 것을 훌륭히 여겼다. 이미 동하(東夏 ; 중국)에서 법을 구하는데 정성을 다하였고 다시 서천(西天)에서 법을 청하였다. 거듭 신주(神州 ; 중국)로 돌아갈 뜻을 가지고 있었으나 중생을 위하여 그곳에 체류하면서 10법을 전하여 법을 펼쳤으니 긴 세월(千秋)이 흘렀으나 그의 명성은 잊혀지지 않았다. 비록 이국땅에서 몸을 버리고 고국으로 돌아오지 못했으나 그의 공명은 우뚝하기가 이와 같으니 어찌 그 이름을 대나무와 비단에 적어 다가올 세상에 보이지 않겠는가? 그러므로 드디어 의정이 구법고승전(求法高僧傳)을 저술하게 된 것이다. 내가 우연히 대장경을 열람하다가 여기에 이르러 뜻으로 매우 우러러 사모하게 되었음으로 드디어 뽑아 쓴다.

〈해동고승전〉

다음과 같이 찬한다.

이상 여러 사람은,
멀리 청요(靑微)에서
바로 중국으로 들어가,
법현(法顯)과 현장(玄奘)의 뛰어난 자취를 찾아
멀리 떨어져 있는 외국을 왕래하기를
자신의 마을길처럼 여겼다.
비유하자면 전한의 사신이 되어 간 장건(張騫)이나
소무(蘇武)의 부류에 견줄 만하지 않은가!

승려 원표(元表)는 원래 삼한 사람이다. 천보(天寶) 연간(742~756)에 중국 땅에 와 유학하였다. 곧 이어 서역으로 가서 부처님의 자취에 우러러 예배하고 심왕보살(心王菩薩)을 만나 지제산(支提山；錫蘭)에 있는 영부(靈府)를 찾아갈 것을 지시 받았다. 마침내 화엄경 80권을 짊어지고 곽동(霍童)을 방문해 천관보살(天冠菩薩)에게 예배하고, 지제산 석실에 이르러 자리를 잡고 살았다. 이보다 앞서 이 산에는 사람이 거주하는 것을 용납하지 않았다. 사람이 머물면 반드시 천둥소리가 나고 번개가 쳤으며, 또 맹수와 독충이 많았고 그렇지 않으면 도깨비가 사람을 혼란스럽게 했다. 도를 얻지 못한 승은 하루만 머물러도 산신이 배척하여 몰아냈기 때문이다.

다음날 아침 몸이 산아래 몇리 떨어진 곳에 있는 것을 보고 재계하고 경을 읽으며 머물렀다. 산골 물을 마시고 나무껍질을 먹으며 지냈으니, 훗날 출처의 자취를 알 수 없었다.

회창(會昌) 법난 때(841~846) 훼손하려고 찾자, 불경을 아름다운 종려나무 함 속에 담아서 석실 깊숙이 숨겨 두었다. 선종(宣宗) 대중(大中) 원년(847) 병인년에 이르러 보복 혜평(保福慧評) 선사가 옛날에 있었던 이야기를 듣고 몸소 청신사들을 거느리고 감로사(甘露寺) 도위원(都尉院)에서 맞아들여 열어 보았는데 (화엄경의) 지묵(紙墨)은 새로 엮어 베낀 것 같았다. 지금은 복주(福主)의 승사(僧寺)에 보관하고 있다.

구름속의 신선 이장자(李長者)

이장자의 휘(諱)는 통현이다. 어디로부터 왔는지는 알 수 없으되 혹 그 본을 묻는 자가 있으면 "창주인(蒼州人)이라"하였다. 당현종 27년 3월 보름날 지팡이를 짚고 책상 하나를 짊어지고 태원(太原) 서쪽 40리 동영향(同潁鄕) 대현촌 고산노(高山奴) 집에 이르렀다.

고산노가 그 점잖은 모습을 보고 극진히 대접하니 매일 대추 10알과 잣잎떡 한술만큼 잡수셨다. 사람들을 사귀지 않고 문을 닫고 홀로 거처하며 무엇인가를 썼는데 3년을 하루같이 지내다가 남쪽으로 5,6리 떨어진 마씨(馬氏)의 고불당에 이르러 토굴을 파고 거기서 또 10년을 지냈다.

다시 경서를 싸들고 20여리를 가 관개촌(冠蓋村) 한씨의 별장이 있는 곳에 이르니 범 한 마리가 와 고개를 숙이고 가까이 오니 말했다.
"내가 장차 화엄론을 짓고자 하니 네가 알아서 나 있을 곳을 선택해 달라."
말을 듣고 범이 일어나니 그동안 썼던 경책을 그 등에 실어주니 범이 신복산 언덕 30여리에 있는 토굴 앞에 당도하는지라 그곳을 마지막 거처로 알고 짐을 풀었다. 방은 9×10척으로 자연적으로 이루어졌는데 사람살기 알맞았다.

그날 밤 바람과 뇌성이 치더니 늙은 소나무 뿌리에서 맑은 샘물이 솟아 한 연못을 이루어 주위가 50여보에 이르렀다. 물맛은 달고 색깔이 맑고 깨끗하였다. 장자가 그 물을 마신 뒤부터 치아에서 밝은 빛이 쏟아져 밤이면 등촉처럼 빛났으며, 갑자기 용모가 단정한 두 여인이 나타나 시봉하였다. 큰 옷을 입고 흰수건을 썼으나 성씨와 거처를 말하지 않고 오직 장자를 위하여 물을 긷고 음식을 마련해 주었다.

이렇게 5년을 지내도록 한 때도 빠뜨리는 일이 없이 하더니 장차 논을 지어져 다 마치니 어디로 갔는지 그 자취를 찾을 수 없었다. 옛날 불타발타라(60권 화엄 번역자)가 강도 사사공사(謝司空寺)에서 경을 번역할 때 푸른 옷을 입은 두 동자가 정원의 못속에서 나와 시봉한 뒤에 일이 끝나면 다시 못 속으로 들어간 일이 있는데 그 때의 사건과 비슷하였다.

장자의 키는 7척 2촌, 눈썹이 길고 눈빛이 태양처럼 빛났고 입술은 붉고 수염이 미려하고 긴팔이 무릎까지 내려와 풍자가 특이하였다.
머리에는 화피관(樺皮冠)을 쓰고 몸에는 아포옷을 입고 장삼처럼 긴 치마와 소매를 가진 옷을 입었다. 늘 발을 벗고 버선(양말)을 신지 아니했으며, 손님을 맞아 접대하지 않고 인천을 마음대로 왕래하여 자유자재하게 살았다.
어떤 때는 산에 올라 야인들과 함께 어울리기도 하고 즐겨 법문도 해주었는데 하루는, "나는 이제 돌아가려 하니 잘들 살아라" 하며 집에까지 따라와서 더 좀 오래 사시기를 바랬으나 이튿날 안개속에서 좌화(坐化)하시니 때는 3월28일이고 보령은 96세에 이르렀다.

사람들이 감장(龕藏)하려 하자 큰 뱀이 나타나 근접치 못하게 하다가 노인들이 나타나 상여를 준비해오니 흔적없이 사라져 대산의 북쪽에 돌을 쌓아 무덤을 만드니 지금 신복산(方山) 서다난야(逝多蘭若)가 그곳이다.

장자가 입적한 날부터 분묘를 이룰 때까지 안개가 자욱이 끼고 새 짐승들이 울부짖고 백학이 하늘을 날으며, 사슴때가 나타나 묘지를 지킴으로 마을사람들이 부모님 상을 당한 것처럼 7·7일 동안 정성을 들였다.

장자가 평상시 매년 3월 달이면 시방 성현들께 정성을 다하여 공양을 올리고 대추씨와 쌀뜨물을 개돼지에게까지도 골고루 나누어 먹인 일이 있으므로 지금도 이 풍습이 그치지 않고 있다.

당 대종 9년 2월6일 광초(廣超)스님이 서다난야에서 장자의 저서 두 부를 얻었는데 1부는 대방광불화엄경논 40권이고, 1은 십이연생 해이현 지성비십명을(十二緣生解迷顯智成悲十明論) 1권이었다. 다시 이것을 베껴 써서 병주(幷州)와 분주(汾州)에 펴다가 문인 도반이 다시 이를 짊어지고 연(燕)나라 조(趙)나라 회신(淮哂)에 이르러 남북 학인들께 보이니 보는 사람마다 경의 뜻을 쉽게 통하고 법신의 큰 바다에 목욕하게 되었다.

가히 성인이 아니면 어떻게 그 삶을 이렇게 할 수 있으며, 그 깨달음이 부처님과 같지 않다면 어떻게 그 말없는 소식을 이렇게 철저히 궁구(窮究)해 낼 수 있겠는가.
그러나 세상 사람들이 볼 때는 그 삶은 바보천치라 하지 아니할 수 없으므로 나 또한 '바보천치" 글 속에 이 글을 넣는다.

다음은 이통현장자의 화엄교관이다.

첫째, 화엄경 전체를 세 부분으로 나누어 보았는데,
① 제1권부터 제6권까지는 비로자나 본래 성불론이고,
② 제7권부터 59권까지는 보살점수 성불론이며
③ 60권부터 80권까지는 중생성불론(돈오일생성불론)이다.
하고

둘째, 3분과에서는
① 세주묘엄품을 서분으로 보고
② 입법계품을 정종분으로 보았으며
③ 여래출현품을 유통분으로 보았다.

셋째는 39품에 불화 1품을 더 넣어 40품으로 보았으며, 모든 것을 만수(滿數 ; 10)를 기준삼아 10×10으로 계산하였다. 말하자면 보시바라밀속에 지계·인욕·정진·선정·지혜·방편·원·력·지가 포함되어 있다 보기 때문에 10바라밀이 곧 1000바라밀이 되는 것이다.

넷째, 따라서 전체 화엄경을 10단으로 나누었다.
① 명시성정각(明始成正覺 ; 세주묘엄품)
② 거과관수(擧果觀修 ; 현상품 이하 5품)
③ 명이과성신(明以果成信 ; 명호품 이하 6품)
④ 입진실증(入眞實證 ; 수미품 이하 6품)
⑤ 발행수행(發行修行 ; 야마천궁품 이하 4품)
⑥ 비지상입(悲智相入 ; 도솔천궁품 이하 3품)
⑦ 명온수성덕(明蘊水成德 ; 십지품)
⑧ 이생자재(利生自在 ; 10정품 이하 12품)

⑨ 제현기위(諸賢寄位 ; 이상 6위 10보살 및 출현품, 이세간품)
⑩ 명령범실증(明令凡實證, 입법계품)

다섯째, 이들 모든 경전은 5증언과로 구분하였다.
① 불과(佛果) : 시성정각 인과변주(示成正覺 因果徧周 ; 세주묘엄품)
② 신수(信修) : 신위진수 인과변주(信位進修 因果徧周 ; 불생호 이하 6품 10주·10행·10회향·10지까지 20품경)
③ 정체(定體) : 삼정변주(三定徧周 ; 10정·10통·10인 등 4行)
④ 행해(行解) : 행해변주(行解徧周 ; 보현행원)
⑤ 지해(智海) : 법계부사의 대원명지변주(法界不思議 大圓明智徧周 ; 법계품)

여섯째는 시·처·회에 대한 구분이다.
첫째, 여래의 설법시는 일지용(一智用)·일지음(一智音)·일찰나(一剎那) 및 무시시(無時時)로 상항설법(常恒說法)이라 하여 원융평등(圓融平等)으로 보았고,

둘째, 설회는 10처 10회 40품 원만교(圓滿敎)로 보았다. 말하자면 보살영락경을 본받아 ① 보리장회 ② 보광명전회 ③ 수미정상제석중전회 ④ 야마천중회 ⑤ 도솔천중회 ⑥ 타화자재천중회 ⑦ 제3선천회 ⑧ 보광명전회(급고독원회) ⑨ 보광명회(각 서동쪽 대탑묘회) ⑩ 법계허공계회

셋째, 종취론은 불자재내발(佛自在內發)의 법계로 보았는데 부처님과 범부는 미오(迷悟)의 차이뿐 깨닫고 보면 일호(一毫)의 차이도 없다는 것이다. 그래서 자정무구(自淨無垢) 묘지원명(妙智圓明) 최승무상(最勝無上) 무단무멸(無斷無滅) 당처편오(當處便悟)라 하였다.

넷째, 삼성각융증(三聖閣融增)은 문수소남(文殊小男) 보현장자(普賢長者) 이체합불(二體合佛)이라 하였다.

천리안의 여자 고도령(高道寧)

박인량(朴寅亮)의 수이전(殊異傳)에 이렇게 말했다.
위(魏)나라 사람 굴마(崛摩)가
고구려 사신으로 왔다가
고구려(高句麗) 사람 도령(道寧)과 사귀어
아도(阿道)를 낳았다.

다섯 살에 어머니 말씀을 따라 스님이 되었는데
16세에 아버지에게 나아가
현창(玄彰)스님의 소개를 받고 가르침을 받았다.

19세에 수업을 마치고 돌아오니
어머니가 말했다.
"이 나라는 기연(機緣)이 아직 익지 않아서
불법을 행하기가 어려우니
저 신라로 가거라.

아직 신라에는 불법이 없으나
3천여 세월이 지나면
불사를 일으키는 성왕이 나와서
천경림·삼천기·용궁 남북쪽·신유림·사천
서청의 밭에 불사를 일으킬 것이니

그리로 가거라."

그리하여 미추왕 2년(263) 신라에 들어오니
옛날에 미쳐 보지 못한 것이라 괴이하게 여기고
마침내 죽이려 하므로 선주(지금 선산)
모례(毛禮)네 집에 숨어 3년을 살았다.

그 때 양(梁)나라에서 사신을 보내
의복과 향을 보냈는데
임금과 신하들이 향 이름을 몰라 물으니
호자(胡子)가 그것을 보고
"태우면 향기가 아름답고 정성을 드리면 신성이 나타난다."
하자, 마침 그 때 성국공주(成國公主)가 병이 나 있었는지라
"한번 태워 신성을 나타내보라"
하니 스님이 태워 곧 성국공주의 병이 낫게 되었다.

묵호자의 뜻을 따라
청경림(天鏡林)에 절을 짓고자 하였으나
세상이 우매(愚昧)하여 이를 용납치 않으므로
모례의 여동생 사씨(史氏)를 출가시켜 비구니가 되게 하고
삼천기(三川岐)에 영흥사(永興寺)를 지어 살게 한 뒤
자신은 모록의 굴속에 들어가 병없이 죽었다.

그 뒤 3천달이 지나 법흥왕이 나타나
이차돈(異次頓)과 기적을 나타내므로
신라에 불교가 정착하여 불국정토를 형성하니
그의 어머니 말과 같이
청경림에 흥륜사(興輪寺)

삼천기에 영흥사(英興寺)
용궁 남쪽에 황룡사(黃龍寺)
용궁 북쪽에 분황사(芬皇寺)
신유림에 천왕사(天王寺)
사천에 영묘사(靈廟寺)
서청의 밭에 담엄사(曇嚴寺)가 지어졌다.

각원스님이 찬탄하였다.

상교(像敎)가 점차 동쪽으로 옮겨지자
믿음과 헐뜯음이 번갈아 일어났지만
시작을 밝게 연 사람이 대대로 있으니
아도·묵호자 같은 이들이 그분들이었다.

형상없는 법신은
숨었다 나타남을 자유로 하나니
혹 앞서고 뒤서며
같은 듯 다르는 듯하다가
마침내 그 옳음을 시험한 뒤에야
행을 열고 공을 이루었나니
진(秦)나라의 이방(利方)과 한(漢)나라의 마등(摩騰)이
이 같은 이들이 아니겠는가.
주역에 이른바
"그릇을 감추어 때를 기다리라"
하신 말씀이 이를 두고 한 말이리라.

마담(魔談)과 영걸(英傑)

충북 괴산 성불사는 절이 오래되어 무너졌다. 각연사 스님 쌍자 (双杖沙 ; 법호는 山海, 법명은 迷奉)이 모연하여 중창했는데 스님 은 정진 중 몸이 갑자기 날아가 두 발이 안으로 굽어져 두 지팡 이를 짚고 다녀 별호가 쌍장이 되었다.

무능 이능화(본명은 李四)는 호서 대학촌 한 농가의 아들로 8세에 서당에 들어가 글을 배우다가 15세에 관례(冠禮)를 하였지만 머리 가 아파 망건을 두르지 않고 상투만 가리기 위해 정자관(程子冠 ; 儒冠)만 쓰고 다녔기 때문에 별명이 이탈망(李脫罔)이라 불렀다.

아버지께서 설성(陰城) 고노연을 초빙하여 무능에게 맹자 7편을 읽게 하였는데, 괴강에서 목욕하고 영덕산에서 소를 몰 때는 증점 (曾點), 목동처럼 시원하고 풍치가 있었다.
하루는 스승께서 말씀하였다.
"성현께서 의관을 바로 하라 하였는데 너는 망건을 쓰지 않고 버 선도 신지 않으니 말 소와 같구나. 그렇게 해가지고 어떻게 출세 할 것이냐. 오늘부터 복장 단정히 하고 앉아 글을 읽어라."
"예. 그렇게 하겠습니다."
하고 말 꼬리로 만든 망건과 석새 삼베 버선을 신으니 그것이 뚫 고 나와 티눈이 생겨 꿇어앉아 대학을 잃었다. 스승이 물었다.
"대학의 뜻이 어디에 있는 줄 아느냐?"

"덕을 밝히는데 있다고 하였으니 내 뜻으로 생각해 보니 대학으로 가는 것만 못할 것 같습니다."

"그래 명덕(明德)은 하늘의 뜻을 얻는데 있으니 마음을 텅비어 신령스럽게 하면 저절로 나타나느니라. 왕명은 이를 주해 마음밖에 이치도 일도 없다 하였다."

"그렇다면 마음 밖에는 선도 악도 없다는 말이니 선악을 바로 알면 격물치지(格物致知)한다는 말이군요. 그런데 망건은 누가 만들었습니까?"

"주자가 만들었다."

"머리 바깥쪽은 주천자의 망건이 속박하고 머리속은 주부자의 망건이 속박하니 머리를 들고 살아갈 수가 없습니다."

"그런 소리 하지 말라. 큰일 날 소리다."

그런데 무능은 그날 저녁 소와 양을 거느리고 괴강 옆으로 가니 사람은 없고 배만 덩실하게 떠 있었다. 그 때 마침 성불사 중창회주 쌍장선사가 주척주척 내려오다가 물가에 풀을 깔고 앉았다. 무능이 소리쳤다.

"지금 건너오시려고 합니까?"

"자네가 나를 건네주겠는가. 내가 자네를 건너 주어야지!"

"스님께서는 저쪽 언덕에 계시고 나는 이쪽 언덕에 있는데 어떻게 나를 건네주신다는 말씀입니까?"

"이쪽 언덕이 저쪽 언덕이고, 저쪽 언덕이 이쪽 언덕이니 중간에도 머물지 아니하면 그대로 건널 수 있을 것이다."

하고 다음과 같이 시를 읊었다.

소를 먹인다네 명덕산 기슭에서

하얀 돌 빛나고 흐르는 물 맑구나.

소여, 기름진 풀을 먹어라. 곡식일랑 먹지 말고,

소여, 뚫어진 코로 본래 하늘을 쳐들고 있으니
어찌하여 그 코가 하늘로 쳐들어 뚫려 있는지 아느냐.

20년 배운 글이 단칼에 부러졌다.
전한(前韓) 건양 원년(1896), 갑자기 세상이 변하는 바람에 갑자기
무능은 능상공부 주사가 되었다. 그러나 생각해보니 이것 또한 할
일이 아니었다.
"탱자나무 숲에는 봉황이 깃들지 않는 법인데 대장부가 어찌 명리
에 묶여서야 되겠느냐. 세계를 주유하며 풍속을 관찰, 학술을 연
구해야 할 것이다."
하고 이튿날 당장 사직하고 영어·불어·한어·일어 등 외국어를
공부하였다. 광무 4년(1900) 중국 의화단사건이 일어나더니 외국
인을 다 내쫓고 죽이자 각국 연합군이 북경을 공격 함락시켰다.
이 때 프랑스 사람이 조선에 와서 일손 인부 수백명을 고용하였
는데 무능의 동창 임운(任運)이 감독이 되어 통역하고 있었다. 그
래서 거기에 뽑힌 사람들이 북경으로 갔다.

그는 말은 불란서 말을 하면서도 의관은 그대로 하고 있었으므로
서양사람들이 그것을(漆笠) 보고 만져보고 튕겨보며 괴이하게 생
각하였다.
그런데 임운이 음식이 맞지 않아 돌림병이 걸려 적십자병원에 입
원하였다. 영국 국적 간호원 존은(趙恩)이 물었다.

"불어 하실 줄 압니까?"
(魔談 撥遏來)
"예. 조금 합니다. 그런데 당신은 영어를 하실줄 압니까?"
(儂賴佛安世, 英傑你)

"예. 불어보다 영어를 잘 합니다."

(儂佛語 英傑你)

"당신은 머리가 아프겠습니다."

(儒頭翳)

"그렇습니다. 무슨 말인지 알 수 없습니다."

(儂頓悟因爾)

"내 생각에는 망건이 그 원인인 것 같습니다."

(儒語 妄您)

"서양 여인들은 허리띠를 졸라매는 풍습이 있는데 아프십니까?"

(西洋女人 束要之俗感痛)

"아닙니다. 그것은 고려 여인들의 전두(纏頭)와 같습니다."

(不 高麗女人纏頭)

"중국 여자들은 전족(纏足) 때문에 전쟁이 나도 도망가지 못합니다."

(支那女人 纏足非避)

"그렇습니다. 참으로 안타까운 일입니다. 그런데 조선여인들은 평상시는 방 안에 갇혀 있다가 밖에 나갈 때는 몽두(蒙頭)를 쓴다고 하는데 사실입니까?"

(是可燐愍)

"옛날에는 그러하였지만 지금은 그렇지 않고, 지금은 도리어 양산을 씁니다."

(往時雖然 今已傘放)

"여성계 풍속이 이렇게 바꾸어 가는 것은 참으로 좋은 일입니다."

(女界風氣 甚屬好事)

임운은 병이 나아 조선으로 돌아와 있었기 때문에 찾아가니 이같은 이야기를 들려주면서 서점 유리창(琉璃廠)에 가서 당판(唐板) 원각경과 지월록을 사주었다. 서가에 꽂아 놓았다가 원각경을 들고 보니 거기 시 한 수가 눈에 띄었다.

枯樹雲充葉 고 수 운 충 엽	마른나무에 구름이 잎처럼 날리고
椆梅雪作花 주 매 설 작 화	시든 매화에 눈이 꽃처럼 피었네.
擊椆成木響 격 주 성 목 향	오동 두드리면 나무에서 소리나고
蘸雪喫冬菰 잠 설 끽 동 고	눈에 푹 잠기면 동아를 먹고 있네.

長天秋水 장 천 추 수	높은 하늘에 가을 물
孤鶩落霞 고 목 락 하	저녁노을에 외로운 따오기여

이 글은 설당 도행선사가 풀이한 구경각(究竟覺)이었다.

득념 신념이 해탈 아님이 없고
성법 파법이 모두 열반이며
지혜 우치가 전체 반야요
보살 외도가 동시에 보리법을 성취하고
무명 진여가 다른 경계가 아니다.
계정혜 3학과 음노치가 그대로 범행이고
중생 국토가 동일 법성이고
천당 지옥이 모두 정토이고
유성 무성이 모두 성불하고
일체번뇌가 결국 해탈한다.

이런 것을 확실히 알아 그 마음을 허공처럼 비우면 여래의 깨달음을 따라가는 것이 된다는 말이다. 문제는 망념이다. 망념만 쉬면 저절로 진실한 경계가 나타나 누구나 두려움 없이 이 법문을 듣고 깨달음을 얻을 수 있다는 말이다.

그래서 경산스님이 말했다.

荷葉圓圓圓以鏡
하 엽 원 원 원 이 경

연잎은 둥글둥글
둥근 것이 거울같고

菱覺尖尖尖似錐
능 각 첨 첨 첨 사 추

솔잎은 뾰족뾰족
뾰족한 것이 송곳 같다.

風吹柳絮毛毬走
풍 취 유 서 모 구 주

버들가지에 바람부니
털공처럼 굴러가고

雨打梨花蛺蝶飛
우 타 이 화 협 접 비

배꽃에 비 내리니
나비처럼 떨어지네.

그러면 어떤 것이 병인가.
일어나도 병이요
없애는 것도 병이요
알면 병이요
알지 못하면 진실로 분별하지 못하나 분별은 병이다.

그래서 노랑꽃은 활짝 피고
대나무는 흔들흔들
강남은 따뜻하고
강북은 춥다.

하였다. 무능이 여기서 처음 불법의 이치를 알고 구월록을 읽어보니 5조 법연선사의 말이 눈에 띄었다.

물소는 창령을 지나
머리에 난 뿔과 네 발굽이 모두 지나갔는데
긴 꼬리 때문에 지나갈 수 없네.

여기서 무능은 불어 배우는 것도 팽개치고 천산만강을 넘나들며
노래하고 춤추며 한 세상을 살아갔다.

목우가로 천운에 맡긴 채 기세등등
한껏 강가에 머리 기른 스님 있었네.
8만법문 지월록에서 듣고
백 천 공안 전등록에서 읽었네.

헛된 꽃 피어나는 곳에 진망(眞妄)이 보이는구나.
도과를 이룰 때 사랑과 증오를 겪고
49년 나이에 무엇을 얻었는가.
의연히 나로 돌아오니 이무능일세.

내 의심만 없어지면
고요하고 시끄러운 것 무슨 상관있겠는가.
장안의 큰길 고르고 평탄하다.
성안 또한 산속의 경계에 있구나.
마음 밖에 근원이 없으니 세상 밖에서 시를 짓는다.

도성거리 새벽종 옛꿈을 흔들어
집집마다 봄나무가 새 가지를 흐드러지네.
새 한 마리만 스님 눈에 언뜻
소리나는 종자기가 서로 알려하누나.
자기의 그윽한 경계 깊어질수록

숨겨진 행해를 쓰지 못하고 사물 밖에서 찾고
산색과 냇물소리 살아있는 글귀에 동참하니
꾀꼬리는 꾀꼴꾀꼴 제비는 지지배배

속가에 돌아가니 세속의 시끄러움 멈추고
세상 근심 모두 백업(白業) 따라 가라앉는구나.
다소 한가한 사람이 서로 보는 것이니
맑은 바람 밝은 달이 바로 내 마음일러라.

아는 척하다 죽은 정도전(鄭道傳)

이태조는 태고 보우국사의 제자이다. 고려 폐왕(奔禑) 11년(1385) 을축에 한산국 이색이 쓴 태고보우원증국사 비문에 보면, 첫째 문도에 지웅존자 혼수가 있고, 두번째 제자에 유판삼사사 이성계의 성휘(聖諱)가 쓰여 있다.

태조가 잠저(潛邸)에 있을 때 일찍이 혼수와 더불어 대장경을 완수하여 서운사(瑞雲寺)에 안치할 것을 서원하였는데, 갑자기 입적하자 매우 슬퍼하며 시호를 보각(普覺)이라 하고 탑호를 정혜원융이라 내린 뒤 화산군 권근에게 비명을 짓게 하였다.

왕 2년(1393) 도읍터를 구하기 위하여 왕사 무학을 데리고 계룡산에 갔다가 4월 연복사 탑을 중창하고 가야산 해인사 탑을 수선, 대장경을 탑 속에 안치하였다.

또 묘엄존자의 뜻을 받들어 선사 나옹·지공의 진영과 탑을 양주 천보산 회암사에 세웠으며, 3년 왕사 무학의 뜻을 따라 한양에 도읍을 정하고 궁궐을 건축하였다.

왕사 무학이 말했다.

"인왕산을 진산으로 삼고 백악과 남산을 좌청룡 우백호로 삼으십시오. 말을 듣지 아니하면 2백년 후에 내 말을 생각할 것입니다."

그러나 정도전이 난색을 표하며,

"정전(正殿)을 남면(南面)하지 아니하면 법도에 어긋난다 생각합니다."

하고,

"불도는 청정과욕한데 지금 절을 운영하는 자들이 색계(色戒)를 어기고도 부끄러워 한 마음이 없습니다. 지금 그의 자손들이 사사 (寺社) 노비로써 곳곳에서 송사를 벌이고 있아오니 무학스님의 말 대로 하면 더욱 불도가 성하여 폐단이 커질 것입니다."
하였다. 그리하여 남면궁전을 지었으나 아니나 다를까 200년이 못가서 골육상쟁이 일어나니 무학스님의 말씀을 더욱 간절하게 생각하게 되었다.

왕 4년 천태종 승려 조구(祖丘)를 국사로 삼고 내전에서 108명의 스님들께 공양을 올렸다. 그리고 전조의 왕씨들을 위하여 남해 견암사에 150결 땅을 내리고 매년 2월10일 수륙재를 지냈다.
7월7일 사문 정지국사 지천(智泉)이 입적 다비 후에 현몽으로 많은 사리를 거두게 되었으므로 탑을 세우고 권근이 비문을 썼다.
정지국사는 나옹·무학스님과 함께 중국에 유학한 선지식인이다.

왕 5년(396) 정월 산에 내린 눈을 보고 도성을 쌓기 시작하여 9월에 마치고, 11월에 한양으로 수도를 옮겼고, 6년(1397) 신덕왕후가 돌아가서 황화방(皇華房) 북쪽 언덕에 장사지내고 흥천사를 지어 명복을 빌었다.
그리고 흥천사 주지 성총스님의 말씀을 듣고 법화·화엄경과 전등·염송으로 선교양종의 교재를 삼도록 하고, 보조국사의 유훈을 받들어 전국사찰의 본을 삼도록 하였다. 진관사에서 수륙재를 지내도록 하였다.

왕 7년(1398) 5월 용산강에 나아가 대장경을 강화 선원사에서 지천사로 옮기고 방번과 방석·경순공주의 남편 이제를 위해 천도재를 지내고 고향(함흥)으로 갔다.

이 때 태종이 사람만 보내면 그대로 베어 죽였기 때문에 함흥차
사란 말이 생기게 된 것인데, 뒤에 무학이 가서 그 마음을 돌렸기
때문에 의정부에 회룡사란 절이 생기게 되었다.
연려실기(燃藜實記)에 신의왕후 한씨는 여섯 아들을 낳고 신덕왕
후 강씨는 3남매를 낳았는데 왕이 방석을 사랑하는 까닭에 세자
를 삼았다. 이 일은 정도전과 남은이 들어 꾸몄기 때문에 이 소식
을 들은 태종이 무사들을 거느리고 가서 남은의 첩집에서 밀회하
는 날 불을 지르니 뒷집 미륵원에 숨어 있던 남은은 그 자리에서
숨지고 이웃집으로 도망가던 정도전은 태종에게 붙들려 왔다.
"네 이놈 너는 절간 안에서 공부하여 왕씨 가문에 출세하였으나
불도와 왕씨를 배반하여 새 나라를 세웠는데 이제 와서는 유교를
핑계하여 불도를 업신여기고 이씨의 자손들을 죽이려 하였으니 마
땅히 죽어야 한다."
하고 그 자리에서 즉결처분하였다. 태조는 그후 소요산에 와 있다
가 뒤에 평양에 궁을 만들어 그곳에서 말년을 보냈다.

정종(芳果)이 왕위에 올라 장안군 오관산 성등암을 중창하고 전지
1백결과 노비 16구(口)를 시납하자 태상왕은 5대산 중대 사자암을
중건하고 겨울 11월에 친히 왕림하여 낙성하였다.
보각국사가 어머니를 위하여 법화경을 하사하고
선원사 식영암(息影菴)스님께 능엄경을 배워 강연하였다.

이태조, 나옹스님이 앉아
문답하는데 환암혼수가 들어왔다.
"당문구(當門句)가 무엇인가?"
"좌우에 불편부당(不偏不黨)한 것입니다."
"입문구(入門句)는?"
"안팎이 둘이 아닙니다."

"문안구(門內句)는?"
"안팎이 본래 공합니다."

"산이 어찌 산의 가장자리에 머물렀는가?"
"높은 곳을 만나면 낮아지고 낮은 곳을 만나면 그칩니다."
"물이 어디에 이르러 개천이 되는가?"
"대해(大海)가 숨어 흐르는 곳에서 계천이 됩니다."
"밥은 어찌하여 흰쌀로 짓는가?"
"모래를 쪄서는 밥이 되지 않기 때문입니다."
왕이 유사에게 입격문(入格文)을 쓰게 하였다.
환암이 혼수의 이름을 이색이 이렇게 풀이하였다.

환(幻)
1. 몸의 환(幻)은 사대(四大)요
2. 마음의 환(幻)은 연영(緣影)이며
3. 세계의 환(幻)은 공화(空華)다.

수(修)
환(幻)을 환(幻)인줄 알고 닦으면 수(修)다.
닦는 것 : 달을 가리키는 손가락
마지막 달을 보면 삼관(三觀)이 이루어지므로 혼(混)이다.

〈이색〉

이 집에 바로 암자가 아니겠는가.

나를 보러 오는 사람은
사람을 보지 말고
이 글을 보라.

좋은 일도 없는 것만 못하다

고려 충렬왕 2년(1276) 한 비구니가 백저포(白苧布)를 바쳤다. 그 세밀함이 매미의 날개와 같고 복잡함은 꽃의 문양과 같았다. 공주 (원성공주)가 시장의 상인들에게 보이니 모두가 전에 미처 보지 못한 물건이라고 말하였다. 공주가 물었다.
"어떻게 이것을 얻을 수 있었는가?"
"제게 한 명의 노비가 있는데 능히 그것을 짤 수 있었습니다."
"그 노비를 나에게 보내줄 수 있는가?"
비구니는 놀랐으나 어쩔 수 없이 그 노비를 바쳤다.

상현거사가 말했다.
"포의 세밀함이 매미의 날개와 같다는 것인즉 지금의 소위 한산 (韓山)에서 생산되는 열두번 직조한 세밀한 저포. 그 꽃의 문양 이라고 함은 저포를 빨아 다리미로 다린즉 문양의 이치를 드러내 어 마치 꽃의 가지와 차나무 싹과 같은 모양새가 난 것이다. 시장 의 상인들이 모두 '전에 미처 보지 못한 물건'이라고 말하였으니, 그 세공의 특이함을 가히 알겠다."

남산 아래 한강의 상두모포(上荳毛浦)에 한 비구니가 사는 정사가 있었는데, 미타사(彌陀寺)라고 불렀다. 비구니와 부녀자들이 모두 매우 세밀한 면포를 짜는 것으로 업을 삼았다.

또 북도 육진(六鎭) 각 군의 재가승려와 첩 등이 매우 가볍고 미세한 마포를 직조하여 속세에서 발내포라고 불렀다고 한다. 가히 하나의 발우 속에 1필의 포를 넣을 수 있다고 해서 붙여진 이름이다.

이 일로 인하여 임금님께 진상을 올릴 때는 비구니스님은 베를 짜서 황후에게 바치는 잡역을 하게 되었다.

진란(眞蘭)과 차(茶) 이야기

지난 을묘년 서울 동쪽 옛 원흥사(原興寺)에 있을 때 진란 두 그루를 보고서 그것이 어디서 왔는지를 물어보았다. 절의 스님이 벗 중에 동래 범어사에서 온 이가 있는데, 이 곳에 가져와 심은 것이라 하였다. 그리고 말했다.

"금정산(金井山)에서 이 풀이 자랍니다. 그곳 사람들은 모두 평범하게 보고 소중히 여기지 않습니다. 어떤 한 중국 시인이 범어사에 와서 노닐다가 처음 그것을 발견하고 지극히 감상하며 찬탄하기를 진란(眞蘭)이라고 하였습니다. 그 잎이 단단하면서도 가늘고 길며, 엷은 황색 빛을 띠고 있으며, 꽃이 피면 깊은 향기가 멀리 퍼지기 때문입니다."

내가 한 그루를 얻어 집에 가져와서 분재하였다. 이 때문에 지난 날을 추억해 보았다. 내가 일본 동경(東京)을 관광할 적에 신숙(新宿)의 어원(御苑)을 찾아보고 화엄온실(花广溫室)에 있는 진란을 본 적이 있었다. 지금 이 난이 그것과 같으니 진란임이 틀림없다. 이에 감동이 일어 '화산운영난시(和山雲詠蘭詩)'를 추모하고, 곧바로 원운(原韻)을 따서 그 뜻을 돌이켜 노래하였다.

동토에 진란이 있지만
깊은 골짜기에 있어 아는 이가 없네.
세상 사람들이 갑자기 서로 보니
꽃향기의 명성이 천하에 가득하네.

이후 나와 동학인 벗 마상학(馬相學)이 장성 백암산 백양사에서 노닐다가 순천 조계산에 이르렀는데, 이 두 곳에서 그 난을 발견하였다. 내가 난을 사랑함을 알고 기이한 것 여러 그루(白巖蘭)를 채취했다. 나와 동교(同敎)인 벗 양건식(梁建植)이 그것을 보고 한 그루 달라고 하여 내가 나누어 주었다. 양군은 그의 벗 임청(林靑)과 함께 도자기에 분재하여 온돌 가운데 두었다. 그 때가 겨울이었는데 한 줄기가 빼어나게 자라나더니 꽃봉우리가 터지는 모양을 보았다. 그런데 방안의 온도가 차츰 낮아지자 결국 꽃이 피지 않고 시들었다고 하였다. 애석하구나. 우리 집의 금정란(金井蘭)과 백암란(白巖蘭)은 겨울이 되어 보관을 잘못하는 바람에 모두 말라 죽었으니 유감스럽다. 무릇 한성의 기후가 점차 추워지니 그 난이 자라기에 적당한 땅이 아니었다.

고인이 말했다.

국화는 꽃 중의 은일자(隱逸者)이고,
모란은 꽃 중의 부귀자이며,
연꽃은 꽃 중의 군자자이다.

그래서 상언이 말했다.
영지는 풀 중의 신선자이고,
난은 풀 중의 은일지이며,
차는 풀 중의 현성(즉 禪)자이다.

모두 현미(玄微)한 도와 청화(淸和)한 덕이 있기 때문이다. 중국 당나라 때 조주 종심선사는 평소 사람을 만날 때마다 "차 한 잔 하고 가시게"라고 하였다. 이 때부터 조주차(趙州茶)가 세상에 성대하게 이름을 알렸다. 차는 하나의 도로 선에 포함된다.

조선의 차를 살펴보니 당나라로부터 왔다. 신라사에
"흥덕왕 3년 무신년(당 문종 2년) 당나라에 간 사신 대렴(大廉)이
차의 종자를 얻어와 왕은 이것을 지리산에 심도록 명하였다"고 하
였다.

일본의 차는 송나라로부터 왔다.
"후조우천황(後鳥羽天皇) 문치 3년(송나라 순희 14년, 1187)에 스
님 영서(榮西)가 송나라에 두 차례 들어가 임제정종(臨濟正宗)을
받들고 건구 3년(송나라 소희3년, 1192)에 귀국하여 널리 퍼뜨렸
다. 영서가 송나라로부터 차의 종자를 가지고 와서 축전(筑前) 배
진산(背振山)에 심었다. 이후 명혜(明惠)가 모미(栂尾)에 심고 배진
산의 차를 모미에서 분종(分種)하여 집에서 키웠고, 또한 다법(茶
法)을 창제하였다"라고 하였다.

또 "천리휴(千利休)선사가 일본 다도의 원조가 되었다"라고 하였
다. 일본 다도는 경도에서 가장 융성하였다. 경도 사람들은 무릇
다회(茶會)를 열 때면 반드시 대덕사 관장의 유품을 펼쳐 놓은 후
에 그 취미를 다하였다. 그러므로 일본의 다도 역시 선(禪)에 속
한다.

비록 그러하나 일본 차는 지금 성대히 행해지는데, 조선 차는 알
려진 것이 없다. 왜냐하면 조선의 물과 흙은 천하 으뜸이어서 명
음(茗飮)을 필요로 하지 않기 때문이다. 근세에 열수(洌水) 정약용
이 강진에서 유배살이 할 때 동다기(東茶記)를 저술하고, 또 스스
로 호를 다산(茶山)이라고 했는데, 다도에 깊은 조예가 있었다. 또
대둔산 초의 의순(草衣意恂)선사는 다시(茶詩)를 지어 동다송(東茶
頌)에서는 차의 덕을 서술하였다. 다송의 주를 살펴보니,

"지리산 화개동에 차나무가 45리에 걸쳐 늘어서 있다.
우리나라 차 밭의 넓음이 이보다 더한 것이 없다.
동(洞)에 옥부대(玉浮臺)가 있고,
옥부대 아래에 칠불선원(七佛禪院)이 있다.
좌선하는 이들이 항상 차를 끓여 마신다."

하였다. 또 송(頌)에서

"우리나라에서 나는 것은 원래 서로 같아
색과 향기와 맛이 한가지이다.
육안(陸安)의 맛이요 몽산(蒙山)의 약이니,
고인의 높은 안목 두 가지 으뜸을 겸하였네."

주에 이르기를, 동다기에
"어떤 이가 동다(東茶)의 효과는 월(越)땅에서 난 것에 미치지 못하는 것 같다."
고 의심하였지만, 내가 보니 색과 향기와 맛이 조금도 차이가 없었다. 다서(茶書)에 '육안(陸安)의 차는 맛이 뛰어나고, 몽산의 차는 약으로 뛰어나다'고 하였다. 우리나라 차는 두 가지를 겸하였다. 만약에 이찬황(李贊皇)과 육자우(陸子羽)가 있다면 반드시 내 말을 옳게 여길 것이다" 하였다.

또한 이르기를,
"파도 잔잔해지고 맑은 밤의 이슬이 내려
삼매의 수중(手中)에 기이한 향기가 나네."
하였는데 주에 이르기를, 다서에
"차를 채취하는 기후는 시기가 중요하다. 너무 이르면 차가 완전하지 않고, 너무 늦으면 싱그러움이 흩어진다. 그러므로 곡우 전

5일을 최상으로 삼고, 이후 5일을 그 다음으로 삼는다."
라고 하였다. 그러나 동다를 시험해 보니 곡우 전후는 너무 빠르고, 입하(立夏) 전후가 적당한 시기이다. 그 차를 따는 법은 밤새도록 구름이 없고 맑은 이슬을 받은 것이 최상이고, 낮에 따는 것은 그 다음이다.구름이 끼거나 비 내리는 날에는 따기에 마땅하지 않다. 소동파가 겸(謙)선사에게 보내는 시구에
"도인이 저녁 무렵 삼병산(三屛山)을 떠나 와서 차를 달이는데 삼매수(三昧手)로 하네."
라고 하였다.

또 초의선사는 산천(山泉)도인이 차를 받고 사례하여 지은 시에 화답하였다.
"옛날부터 현성들은 모두 차를 사랑했다.
차는 군자의 성품과 같아서 사악함이 없다.
사람들이 차를 맛보고 나서
멀리 설령(雪嶺)에 들어 이슬 풀을 딴다.
법도에 맞게 제조하여 그에 따라 제품을 주고,
옥단지에 가득 담아 비단에 싼다.
물은 황하 최상류의 것이 좋으니,
여덟 가지 덕을 고루 갖춰 아름다움이 더하다.

깊게 끌어당기며 가볍고 연한 물맛을 보면,
참되고 정갈하며 조화로워 몸과 마음이 열린다.
추하고 더러움을 없애야 정기가 들어오니
큰 도를 이루는데 어찌 멀겠는가.

차를 지니고 영산에 돌아가 모든 부처님께 바친다.
차 달임이 더욱 자세하여 부처님 말씀 상고하면

알가(閼伽 ; 범어 차 이름)의 오묘한 근원을 궁구한다.
오묘한 근원은 집착이 없음이니 바라밀이네.

아! 내가 3천년 후에 태어나니,
법음도 아득하고 선천과도 막혔구나.
오묘한 근원 물으려 해도 얻을 것이 없다.
니원(泥洹) 이전에 태어나지 못함을 길이 한스러워한다.

예부터 차에 대한 사랑을 저버릴 수 없어
동쪽 땅으로 가져와 스스로 웃음거리가 되었다.
비단으로 싼 옥단지 풀어내어서
지기(知己)에게 먼저 선사하여 기쁘게 한다.

또 신승지 백파거사(白坡居士)는 동다송이라는 시에서,

초의선사가 햇차를 시험 삼아 달이는데
푸른 향기가 연기처럼 피어오르고
날짐승의 혓바닥 같은 작설차는
곡우 전에 따서 만든 첫물차로구나.

중국 호북성 단산에서 나는 운감차(雲龕茶)나
월간차(月澗茶)만 좋다고 함부로 말하지 말라.
찻잔에 가득 찬 한 잔의 뇌소차(雷笑茶)는
수명을 늘려준다네.

하고 노래하였다.
이것으로 볼 때 당나라의 차 종자가 지리산에서 번성하였고, 다도
를 아는 이는 오로지 선중(禪衆)뿐이었다.

조선 장백산의 차를 백산차(白山茶)라고 한다. 건륭시대에 청나라 사람들이 공물로 땄고 궁정에서 어용(御用)의 차로 만들었다. 김해 백월산에 죽로차(竹露茶)가 있는데 세상에 전하기를, 수로왕비 허씨가 인도에서 가지고 온 차의 종자라고 한다. 제주도에는 귤화차(橘花茶)가 나는데 맛이 달고 향기가 있다.

이상 세 종류의 차는 모두 명산귀품에 속하고 사람들 중에 아는 이가 드물다.

죽지 않는 풀 영지(靈芝)

고려 충숙왕 4년 윤정월, 이에 앞서 미륵사 스님이 이상한 풀을 바치고 영지라고 하므로 왕이 소중하게 간직했다. 문사들에게 이 풀을 주고 시를 짓게 하였다. 어떤 사람이 시를 지어 올렸다.

어떻게 하면 선인(仙人)의 배양술을 배우고,
다시 감로를 뿌려서 뜰안에 심어 볼까!

이는 왕을 풍자한 것이었다.

영지는 조선인이 삼신산 불로초라고 말한다. 사람이 그것을 먹으면 장생불사할 수 있기 때문이다. 세상에서 말하는 '삼신산'은 모두 조선에 있다. 봉래는 금강산이고, 방장은 지리산이고, 영주(瀛州)는 제주도 한라산이다. 옛날 진시황제가 방사 서불(徐市)을 보내 동남동녀 5백 인을 이끌고 바다로 들어와 삼신산의 불사약을 구하였다. 한무제 때 방외지사도 모두 연(燕)나라와 재(齋)나라의 바닷가를 가리켜 신선이 머무는 곳이라고 하였다. 노두(老杜)가 방장삼한외(方丈三韓外)라는 글귀를 썼던 것도 이 때문이다.

서불은 일본에 갔는데, 그곳에 머물러 돌아오지 못하였다. 일본의 구야(龜野)에 서불촌(徐市村)이 있다. 그런 까닭에 명(朱明)나라의 어떤 황제가 일본 사신에게 준 시에

"구야봉(龜野峰) 앞 서복사(徐福祠)에
송근(松根)과 호박(琥珀)이 살졌겠구나."
하였다.
지금 제주도 한라산 남쪽 바닷가 암벽 위에 옛 전각(篆刻)이 새겨져 있는데, 그 전(篆)에

"서불이 이곳을 지나갔다(徐市過此)"

라고 하여 서귀포라 하였다고 한다.
이른바 "삼신산 불사약(不死藥)"이란 말이 이렇게 해서 생긴 것이다.

내가 사람들에게 들으니,
"강원도 통천군 동해 바닷가 총석층 높은 곳 인적이 미칠 수 없는 험준한 바위에 한 줄기의 영지가 매달려 있는데, 때때로 신선한 학이 그곳에 날아든다 하였다. 옛날 어떤 한 사람이 사다리로 기어오르려고 하였으나 갑자기 운무가 끼어 길을 막아 버리고, 또 뇌우가 몰아쳐서 두려움에 그만두었다"고 한다.
이래서 세상에 전하기를, 조선 중엽 양사언(楊士彦)이 관직을 버리고 금강산에 들어가 신선이 되었기 때문에 양봉래(楊蓬萊)라고 부르는데, 금강산 만폭동 돌 위에
"봉래풍악 원화동천(蓬萊楓岳 元化洞天)"
이라는 여덟 글자는 그렇게 하여 새겨졌다고 한다. 이것은 양사언의 필체이고 그 돌 위에 바둑판을 그린 곳(三仙局)도 양사언이 동료 선려(仙閭)들과 함께 둘러앉아 바둑을 둔 곳이라고 한다. 그러나 도끼자루 썩는 줄 모르는 사람이 한 번 와서 입증해 주지 않음을 한스러워 하였다.

양사언의 풍악발연(楓岳鉢淵)이라는 글에

"백옥경(白玉京) 봉래도(蓬萊島)
넓고 넓은 연무는 오래되었고,
화창한 바람과 해가 좋도다.
푸른 배꽃 떨어지는 즈음에 오니,
생학(笙鶴)의 한소리에 천지가 늙는구나."

하였다. 또 풍악 진주담(眞珠潭) 석벽에 차천로(車天輅)가 시를 짓고 양사언이 글을 썼다는 시가 있다.

"아침에는 현포(玄圃)요, 저녁에는 봉래(蓬萊)로다.
밝은 달은 발연사(鉢淵寺)를 비추고,
맑은 바람은 계수대(桂樹臺)에 부니,
저녁에 창해에 읍하여 마고(麻姑)를 접하고
육륙(六六) 호천(壺天)에 돌아가네."
통천에 있는 총석(叢石)은 곧 봉래풍악 원화동천의 외부(外府)이다. 혹시 영지가 있을지도 모르겠지만 알 수 없다.

그래서 상언이 시 한수를 짓고 난초 기른 이야기를 다음과 같이 쓰고 있다.

선천의 우로(雨露)가 영지를 생장시키고
생학(笙鶴) 삼청(三淸)에 세월이 늦는구나.
약초 캐는 선인 어디로 갔는가.
진(秦)나라 궁전은 백발이 되어 슬픔을 이기지 못하네.

영지의 빼어남과 난초의 향기는 세상에서 반드시 함께 칭송하는

것이지만, 우리 해동에서는 영지를 캘 수 없을 뿐만 아니라 난초
도 볼 수 없다. 그러므로 근세 유가(儒家)로 호가 임연당(臨淵堂)
또는 산운(山雲)이라고 하는 이양연(李亮淵)이 읊었다.

"동토에는 진란(眞蘭)이 없고,
다만 난 비슷한 것만 있네.
세상 사람들이 착각하여 사랑하니,
숲속에서 늙을 수 없구나."

이는 자신을 비유한 것이다.

제3편

바른 스승과 그른 스승

제3편 바른 스승과 그른 스승

임제스님과 보화스님

임제의현(臨濟義玄)은 중국스님이다. 어려서부터 총명하여 불교를 좋아하다가 마침내 출가하여 여러 곳으로 다니면서 경전을 탐구하였다.

계율에 정통하여 황벽 회운선사의 법을 이었다. 나중에 화북 진주성 동남 호타하바의 작은 암자에 살면서 임제원(臨濟院)이라 이름을 지음으로부터 대위 묵군화(墨君和)가 성중에 있는 집으로 절을 삼고 스님을 청하여 있게 하였다.

어떤 스님이 임제에게 와서 물었다.

"어떤 것이 진짜 부처고 법이며 스님입니까?"

"마음이 청정한 것이 부처이고, 마음의 광명이 진짜 법이며, 곳곳에 걸림없는 것이 스님이다. 그러나 이 셋이 곧 하나이고 이름뿐이기 때문에 참으로 있는 것이 아니다. 그러므로 달마대사가 인도에서 와서 남의 유혹을 받지 말라하지 않았느냐! 제1구에 깨달으면 부처님과 조사의 스승이 되고, 제2구에 깨달으면 인간이나 천상의 스승이 되고, 제3구에 깨달으면 제 몸도 구하지 못할 것이다."

"어떤 것이 제1구입니까?"

"세 가지 도장을 찍는 것이니 붉은 도장발이 비좁으나 어찌 한 생각을 할 것 없이 꼭 찍으나 주인과 손이 분명한 것이 제1구이니라."

"제2구는 어떻습니까?"

"미묘한 지혜야 어떻게 무착(無着)스님의 물음을 용납하랴마는 방편인들 어찌 들뜬 근기를 저버리겠느냐?"

"어떤 것이 제3구입니까?"

"무대에서 꼭두각시 놀이하는 것을 보라. 앉고 서고 하는 것이 모두 속에 들어있는 사람의 짓이니라. 그러나 1구 가운데 세 가지 그윽한 문(三玄門)이 구족하고 한 문 가운데 3요(要)를 구족하여 권(權)도 있고 실(實)도 있고 비추는 것(照)도 있고 작용(用)도 있어야 하는데 그대들은 어떻게 아는가. 어떤 때의 할(喝)은 금강왕보검이고 어떤 때의 할은 쭈그리고 앉은 사자와 같고, 어떤 때의 할은 고기잡은 쫄대(探竿影草)와 같고, 어떤 때의 할은 작용을 하지 않느니라."

스님이 막 어떤 생각을 하려하자 곧

"할."

하고 소리를 질렀다.

임제스님이 이렇게 삼현(三玄)·삼요(三要)로 중생을 제도하고 있을 때 반산보적의 제자 보화가 요령을 흔들며

"명두래 명두타(明頭來 明頭打)
 암두래 암두타(暗頭來 暗頭打)"

하고 다니다가 사람을 만나면 귀에다 대고 손을 내밀었다.

"한 푼 주십시오."

임제가 요령을 빼앗아 던지자

"내 살 곳이 바로 여기로구만."
하고 함께 살았다.

당나라 함통초(860~874)에 사람들에게 말했다.
"옷 한 벌 해주십시오."
옷을 해주면 불속에 던져버리고 또,
"옷 한 벌 해주라니까."
하고 돌아다녔으나 그 속을 아는 사람이 없었다. 임제스님이 듣고
관 하나를 만들어주니 그것을 짊어지고
"오늘은 동쪽에 가 죽으리라."
하고 갔다가
"날씨가 좋지 않구나."
하고 서쪽으로 갔다가 남북으로 가니
"저자가 확실히 미쳤구만 하고 따라다니던 사람들이 하나도 따라
오지 않자 북쪽에 나아가 관 속에 홀로 들어가 그대로 죽었는데
임제가 초상 치르러가니 서쪽 하늘에서 요령소리가 나 관을 열어
보니 그 시체가 간 곳이 없었다.

명두래 명두타 :
밝은 놈이 오면 밝은대로 치고
암두래 암두타 :
어두운 놈이 오면 어두운대로 친다.

한산과 습득

중국 양나라 때 이름도 성도 알 수 없는 두 사람이 살았다. 한 사람은 천태산 시풍현 서쪽 70여리 떨어진 곳 한산의 굴속에 살았으므로 이름을 한산(寒山)이라 부르고, 한 사람은 길거리에서 주어 왔으므로 습득(拾得)이라 불렀다.

몸은 바짝 마르고 옷은 다 떨어졌으므로 거지 미친 사람이라 생각하였는데, 그들은 길거리에 다니며 생각 따라 시를 지어 나뭇잎에 써서 돌 틈에 꽂아 놓았는데, 그 시가 세월 인심을 풍자하고 세상 경계를 초월한 것이었으므로 사람들은 범부인지 성인인지 알 수가 없었다.

어느 날 태주 자사 여구윤(閭丘胤)이 한암에 찾아가 옷과 약통을 주면서
"이것을 받으시오."
하니
"이 도적놈아, 이 도적놈아 물러가라."
하고 크게 외치며 사라졌다.

그런데 하루는 국청사에서 큰 재가 있어 가니 신랑 신부가 관대 복금을 하고 말을 타고 오자 두 사람이 깔깔대고 웃으며 박장대소를 하였다.

"왜 이렇게 남의 잔치에 소란을 피우느냐?"
"할머니와 손자가 결혼한다면 누가 웃지 않는 자 있겠는가!"
하고 또 한 번 박장대소를 하였는데, 고수가 북을 치며 노래를 하
자 앞자리에 나아가 함께 춤을 추며 말했다.
"고모 가죽이 소리가 탱탱하도다."

이 말을 듣고 계산해 보니 틀림없었다. 손자를 사랑하던 할머니가
손자를 잊지 못해 늘 시봉하다가 죽어서는 이웃마을 대감의 딸이
되었다가 손자에게 시집오니 나이가 16살 차이였고, 고모님이 돌
아가신 뒤 소가 되었다가 그들 가족에게 잡혀먹고 그 가죽으로
북을 만들어 치니 가고 옴이 한 치 차이도 없지만 사람들은 그것
을 모르고 북을 치면서 노래를 부르니 어찌 이들이 손뼉을 치며
노래부르지 않겠는가.

또 국청사 후원에는 풍간(豊干)이라는 사람이 살고 있었는데 열흘
에 한번씩 먹기도 하고, 보름에 한번씩 먹기도 하고, 있는 듯 없
는 듯 흔적없이 살고 있었다. 어쩌다가 한산 습득이 오면 후원에
서 버린 두부찌꺼기, 쉰 밥 같은 것을 주워 모았다가 그것을 대통
에 넣어 주었는데 한 번은 습득과 함께 사라진 뒤 소식이 없어
가보니 방안에 호랑이 발자욱만 가득하였다.

이들이 나타났다 없어진 때를 어떤 사람은 당 현종 선천 때(712~
713)라 하고, 어떤 사람은 태종 정관 때(627~665)라 하기도 하고,
또 어떤 사람은 현종 원화 때(806~820)라고도 한다.
지금도 중국 소주 항주에 가면 그의 유적지가 남아 있으며, 천태
한산에는 한산이 마지막 들어갔다고 하는 굴이 있다.

미륵을 자칭한 궁예(弓裔)

신라 진성여왕 5년(891) 세달사(世達寺)의 승려 선종(善宗; 궁예)은 기훤(箕萱)을 배반하고 북원의 도적 양길(梁吉)에게 투신한 궁예는 헌안왕의 서자로 5월5일에 외가에서 태어났다. 그 집 위로 흰빛이 무지개같이 이어져 하늘에 닿았다. 일관이 왕에게 아뢰었다.

"이 아이는 5월5일생으로 태어나면서부터 치아가 있으며, 게다가 세찬 빛무리가 범상하지 않습니다. 장차 나라에 이롭지 못할까 두렵습니다. 키우지 말아야 합니다."

국왕은 궁중의 사자에게 칙령을 내려 그 집에 가서 죽이도록 하였다. 사자는 강보 속의 아이를 꺼내 다락 아래로 던졌는데, 젖 먹이는 종이 몰래 받다가 손가락이 잘못 닿아 한 쪽 눈이 멀게 되었다. 그 종은 아이를 안고 달아나 숨어서 고생스럽게 길렀다. 나이가 10여 세가 되어도 놀며 장난하기를 그치지 않았다. 이에 종이 그에게 말하였다.

"네가 태어나자마자 나라에서 버림받은 것을 나는 차마 볼 수 없어서 남몰래 길러 오늘에 이르렀다. 그런데 너의 미친 짓이 이와 같구나. 만약 사람들이 알게 된다면 나와 너는 모두 죽음을 면하지 못할 것이다. 어찌하겠느냐?"

궁예는 울면서 말했다.

"만약 그렇다면 제가 떠나서 어머님의 근심이 되지 않도록 하겠습니다."

이에 머리를 깎고 승려가 되어 선종이라고 불렀다. 장성하자 승려의 계율에 구애받지 않아 종잡을 수 없었으며 담력이 있었다. 일찍이 바리때를 가지고 재를 지내러 가는데 까마귀가 상아로 만든 첨대를 물고 와서 그의 바리때 속에 떨어뜨렸다. 궁예가 그것을 보니 왕이라는 글자가 있었다. 이러한 사실을 비밀로 하고 말하지 않았으나 자못 자부심을 가졌다.

그는 나라가 쇠퇴하여 혼란스럽고 정치가 황폐하여 백성이 흩어지는 것을 지켜보았다. 주현(州縣)에 반란자가 반에 이르고 멀고 가까운 곳에서 도적의 무리가 봉기하니 혼란한 틈을 이용해 대중들을 모으면 뜻을 이루게 되리라고 생각하였다.

죽주의 도적 우두머리 기훤에게 몸을 맡겼다. 그러나 기훤이 남을 업신여기고 오만무례하자 선종은 답답하고 근심하여 스스로 마음을 정하지 못했다. 그러다가 몰래 기훤 휘하의 원회(元會)·신훤(申烜) 등과 결탁해 벗으로 지내다가 북원의 도적 양길에게 몸을 의탁하였다. 양길은 그를 잘 대우하여 일을 맡겼고, 병사 1백여 기(騎)를 나누어 주어 동쪽 땅을 경략하게 하였다. 이에 치악산 석남사에 나아가 머무르면서 주천·내성·울오·어진 등의 현을 모두 항복시켰다.

진성왕 9년(895) 궁예는 왕건을 철원군 태수로 삼았다. 왕건은 한주(漢州) 송악군 사람이다. 왕건의 부친 융(隆)은 그릇이 크고 넓어서 삼한을 병탄할 뜻을 품었다. 한씨를 아내로 맞아들이고 송악의 남쪽에 집을 지었다.

승려 도선이 문 밖 나무 아래에서 쉬면서 감탄하였다.
"이 땅에 마땅히 성인이 출생할 것이다."

왕륭이 그 말을 듣고 짚신을 거꾸로 신고 나아가 맞이하고 함께 송악산에 올라갔다. 도선은 몸을 굽혀 살펴보고 우러러 관찰하고 나서 즉시 글을 써서 봉해 왕륭에게 주며 말했다.

"공께서는 내년에 반드시 귀한 자식을 얻을 것입니다. 장성하거든 이것을 그에게 주십시오. 글은 비밀이오니 세간에 알려지지 않도록 해야 합니다."

1년이 되자 과연 그 집에서 왕건이 태어났다. 신비로운 빛과 자줏빛 기운이 온 집안을 둘러싸고 정원에 가득했는데, 하루 종일 빙빙 돌아 그 모습이 마치 교룡과 같았다. 어려서부터 총명하고 용안(龍顏)으로 귀인의 상을 지녔다. 각진 턱과 넓은 이마에 그릇이 웅대하고 깊었다. 목소리가 넓고 크며 관후하여 세상을 다스릴 재량을 지녔다. 왕건의 나이 17세에 도선이 다시 찾아와 만나기를 청하고 말하였다.

"시운이 말기에 다다랐으니(百六之會), 삼계의 창생이 공께서 널리 구제하기를 고대하고 있습니다."

이에 군사를 출병하고 진을 치는데 필요한 지리와 천시의 법과 산천의 신께 제사지내는 감통과 보우(保佑)를 얻는 이치를 말해 주었다. 이에 이르자 왕건이 궁예에게 몸을 의탁하고 이러한 직책을 받았다.

신라 효공왕 2년(898) 가을 7월에 궁예는 수도를 송악군으로 옮겼다. 겨울 11월에는 팔관회를 베풀었다. 5년 궁예는 스스로 왕이라고 칭하였다. 궁예는 종국(신라)을 원망하여 항상 사람들에게 일렀다.

"신라가 당나라에 병사를 청해 고구려를 멸망시켰다. 나는 반드시 고구려의 원수를 갚을 것이다."

일찍이 남쪽으로 행차할 때 흥주사 벽에 전왕의 화상을 보고 검을 내리쳤다.

8년 궁예는 나라를 세워 마진(摩震)이라 불렀다. 기원을 무태(武泰 ; 904)라 하고 백관을 설치하였다. 가을 7월에 철원에 도읍을 정하고 청주의 백성 1천호를 이주시켰다. 15년(911)에 궁예는 국호를 태봉(泰封), 연호를 '수덕만세(水德萬歲)원년'으로 고쳤다. 궁예는 스스로 미륵불이라고 칭하면서 머리에는 금고깔을 쓰고 몸에는 방포를 둘렀으며, 큰아들은 청광보살, 막내아들은 신광보살이라고 하였다. 그리고 밖에 나갈 때는 항상 흰 말을 탔는데 갈기와 꼬리를 채색비단으로 장식하였으며, 어린 남녀로 하여금 깃발과 우산과 향과 꽃을 받들고 앞에서 인도하게 하였다. 또한 비구 2백여 명에게 명하여 범패를 하며 뒤따르게 하였다. 또한 스스로 불경 20여 권을 지었는데, 그 내용이 요망스럽고 모두 정도(正道)에 어긋나는 것이었다. 정좌하여 강설하기도 했는데, 승려 석총(釋聰)이

"모두 요사스럽고 괴이한 이야기이니 가르침을 받을 만한 것이 못된다."

하자, 궁예는 분노하여 쇠몽둥이로 석총을 쳐 죽였다.

신라 선덕왕 4년(915) 궁예는 그의 처 강씨를 죽였다.
강씨는 궁예가 그릇된 일을 많이 행하자 정색을 하며 간하였다. 궁예는 그녀를 미워해 말했다.

"네가 다른 사람과 간통하니 어찌된 일인가?"

강씨가 말했다.

"어찌 그와 같은 일이 있겠습니까?"

"나는 신통력으로 보았다."

하면서 뜨거운 불로 쇠몽둥이를 달구어 음부를 지져 죽이고 두 아들도 함께 죽였다.

이 때 궁예는 죄없는 사람들을 반역죄로 몰아 날마다 수백 명씩 죽이고 장상(將相) 가운데 피해를 입은 자가 열 가운데 여덟 아홉

이나 되었다. 항상 스스로 이르기를,

"나는 미륵의 관심법을 얻었기 때문에 부인의 음란한 사통을 알수 있다. 만약 나의 관심법에 걸리는 자가 있으면 준엄한 법을 집행할 것이다."

하고는 3척의 쇠몽둥이를 달구었다. 죽이려고 하는 자가 있으면 그 쇠몽둥이를 달궈 음부를 지져 연기가 입과 코로 나오게 해서 죽였다. 이에 관리와 백성들이 무서워서 떨었으며 원망과 분노가 날로 심해졌다.

하루는 급히 왕건을 궁궐 안으로 불러들였다. 궁예는 바야흐로 피살자들로부터 몰수한 금은 보기와 상(床) 휘장 도구들을 점검하다가 성난 눈으로 왕건을 노려보면서 일렀다.

"경은 지난밤에 무리를 모아 놓고 모반한 것은 무엇 때문인가?"

왕건은 안색을 태연히 하고 크게 껄껄 웃으며 말하기를,

"어찌 그런 일이 있었겠습니까?"

고 하였다. 궁예가 말했다.

"경은 나를 속이지 마라. 나는 마음을 볼 수 있기 때문에 알 수 있다. 내가 장차 선정에 들어 그대의 마음을 보고 난 다음 분명하게 그 일을 말하리라."

이에 눈을 감고 손을 뒤로 하고 하늘을 우러러 한참을 있었다.

그 때 장주(掌奏)의 최응(崔凝)이 옆에 있었는데, 거짓으로 붓을 아래로 떨어뜨린 다음 뜰로 내려가 줍는 체하면서 종종걸음으로 왕건을 지나치면서 조그맣게

"불복하면 위험합니다."

말하였다. 이에 왕건이 깨닫고 일렀다.

"신이 실은 모반하였습니다. 그 죄는 죽어 마땅합니다."

궁예는 크게 웃으며

"경은 정직하다고 할 만하도다."

하고는 곧 금은으로 장식한 말안장과 고삐를 하사했다. 그러면서
"경은 다시는 나를 속이지 말라."
하였다.

신라 경명왕 2년(918) 여름 6월 병진, 태봉의 장수들은 왕건을 왕
으로 세우고 국호를 고려라고 하였다. 전에 왕건의 나이 30세에
바다 가운데 9층 금탑이 서 있었는데 스스로 그 위에 올라가는
꿈을 꾸었다.
이해 3월에 이르러 당나라의 행상 왕창근(王昌瑾)이 홀연히 저잣
거리에서 한 사람을 보았는데 용모가 뛰어나고 기이하였다. 아랫
수염과 머리털이 아주 희고 머리에는 옛 관을 썼으며 거사 복장
을 하고 있었다. 왼손에는 3척이 되는 주발을 들고, 오른손에는
사방 1척이 되는 1면의 오래된 거울을 높이 들고서 창근에게 일
렀다.
"내 거울을 사겠는가?"
창근은 쌀 두 말에 그것을 샀다. 그 사람은 쌀을 거렁뱅이 아이들
에게 나누어 주고 떠나갔는데 달려가는 것이 마치 회오리바람 같
았다. 왕창근은 그 거울을 시장 벽에 걸어 놓았는데 햇빛이 비스
듬히 비치자 가느다랗게 쓴 작은 글자가 나타났다. 그 글은 다음
과 같았다.

삼수(三水 ; 泰의 破字로 泰奉을 가리킴) 가운데
사유(四維 ; 羅의 破字로 신라를 가리킴) 아래에
상제가 진마(辰馬)에 아들을 내려 보내
먼저 닭(鷄 ; 鷄林)을 잡고
뒤에 오리(鴨 ; 鴨綠江)를 잡으리니
이는 운이 차 삼갑(三甲 ; 三韓)을 통일하는 것이다.

가만히 하늘에 올라가 밝게 땅을 다스릴 것이니
자년(子年)을 만나 대사를 일으킬 것이다.
종적을 감추고 성명을 드러내지 않으니,
혼돈에 누가 진(眞)과 성(聖)을 알겠는가.

법뢰(法雷) 떨치고 신전(神電) 휘두르며
사년(巳年) 중에 두 용이 나타나
하나는 푸른 나무 가운데 몸을 숨기고
하나는 흑금(黑金) 동쪽에 모습을 드러낸다.

지혜로운 자는 볼 것이요 어리석은 자는 보지 못할 것이다.
구름을 일으키고 비를 내리게 하며 사람과 함께 출정하니
융성함을 보이거나 쇠퇴함을 보여서
성쇠는 더러운 티끌과 찌꺼기를 없애는 것이다.

창근이 처음에는 글이 있는 줄도 몰랐다가 발견하고는 비상한 일
이라고 여겨 궁예에게 바쳤다. 궁예는 유사에게 명하여 창근과 함
께 그 사람을 찾았으나 한 달이 지나도록 찾을 수 없었다. 다만
동주(東州) 발삽사(勃颯寺)에 진성(鎭星)의 소조상이 그 사람 모습
과 같았는데, 왼손과 오른손에 역시 사발과 거울을 지니고 있었
다. 창근이 기뻐하며 그 형상에 대해 자세히 말했다. 궁예는 감탄
하면서도 괴이하게 여기고 문인 송함홍(宋含弘)·백조(白早)·허원
(許原) 등에게 명해 그 뜻을 풀이하게 하였다. 함홍 등이 말했다.
"삼수 가운데 사유 아래에 상제가 아들을 진마에 내려 보낸다는
구절은 진한과 마한이다. 사년 중에 두 용이 나타나 하나는 푸른
나무 가운데 몸을 숨기고 하나는 흑금의 동쪽 모습을 드러낸다는
구절에서, 푸른 나무는 소나무이니 송악군 사람을 이르고 용으로
이름을 삼은 자의 자손이 군주가 될 수 있다는 것을 말한다. 왕시

중(왕건)은 왕후의 형상이니 이를 두고 한 말이 아니겠는가? 흑금은 철이니 지금의 도읍인 철원을 말한다. 지금의 군주는 처음 이곳에서 융성했다가 끝내 여기에서 멸망할 징조이다. 먼저 닭을 잡고 후에는 오리를 잡는다는 구절은 왕시중이 나라를 거느린 후에 먼저 계림을 얻고 나중에 압록을 거두어들인다는 뜻이다."

이에 세 사람들이 서로 말했다.
"왕은 시기하여 죽이기를 즐긴다. 만약 사실대로 고하면 우리들이 살육을 당할 뿐만 아니라 왕시중 역시 반드시 해를 입을 것이다."
이에 말을 꾸미고 속여 보고하였다. 일이 여기에 이르자 장군 홍유(洪儒)·배현경(裵玄慶)·신숭겸(申崇謙)·복지겸(卜智謙) 등은 밤에 왕건의 집에 찾아가 비밀리에 왕으로 추대할 것을 모의하였다. 부인 유씨에게 그것을 알리고 싶지 않아서
"정원에 신선한 오이가 있을 것이니 따 주지 않겠습니까?"
했다. 유씨는 거짓으로 나가는 척하면서 장막 안으로 들어갔다. 여러 장수들이 말했다.
"삼한이 분열된 후 도적의 무리가 경쟁하듯 일어나니 지금의 군주께서는 팔을 크게 휘두르며 용기를 내셨습니다. 드디어 도적 무리(草冠)를 멸하고 요하의 좌측을 삼분하여 그 태반(太半)을 점거하였습니다. 그리고 나라를 세우고 도읍을 정한 지 2기(紀)가 되어 갑니다. 그런데 이제 끝마무리가 좋지 않아 방종과 포학이 너무 심해 음형(淫刑)으로 처자를 살육하고 신료들을 주살하고 있습니다. 백성들은 도탄에 빠져 그를 미워하고 마치 원수처럼 여깁니다. 걸주(桀紂)의 사납고 포악함도 이보다 더할 수가 없습니다. 어둠을 폐하고 밝음을 세움은 천하의 대의입니다. 청하건대 공께서는 은나라 탕왕과 주나라 무왕의 일을 행하소서."

왕건은 얼굴빛이 변해 거절하였다.

"나는 충의를 스스로 허락하였다. 왕이 비록 포악하고 난폭하나 어찌 감히 두 마음을 갖겠는가? 신하가 군주를 정벌함을 혁명이라고 한다. 내가 진실로 덕이 없는데 어찌 감히 타왕이나 무왕의 일을 본받겠는가. 후세에 이를 구실로 삼을까 두렵도다. 옛사람이 이르기를 '하루 동안이라도 군주로 섬기면 죽을 때까지 군주로 삼는다'고 하였다. 하물며 연릉계자(延陵季子)가 '나라를 차지하는 것은 내가 할 일이 아니다'라고 하며 이내 떠나서 농사를 지었는데 내가 어찌 계자보다 나을 수 있겠는가?"

여러 장수들이 말했다.

"때는 만나기는 어려워도 잃기는 쉽습니다. 하늘이 주시는 것을 받지 않으면 도리어 그 재앙을 받게 될 것입니다. 나라 안의 백성으로 해를 당한 자는 밤낮으로 보복하려고 합니다. 또 권세나 지위가 높은 사람은 모두 학살 당해 남아 있지 않습니다. 지금 덕망으로는 공보다 나은 사람이 없으므로 여러 사람의 마음이 공을 갈망하는 바입니다. 공이 만약 따르지 않는다면 우리들은 하루도 못 가 죽을 것입니다. 더구나 왕창근의 거울에 쓰인 글이 저와 같은데 어찌 하늘의 뜻을 어기고 독부(궁예)의 손에 죽겠습니까?"

그러나 왕건은 아주 강하게 거절하였다. 이 때 문득 유씨가 장막 안에서 나와 왕건에게 말했다.

"의로움을 들어 포악한 자를 치는 것은 예로부터 그리하였습니다. 이제 여러 장수들이 논의하는 말을 들으니 첩도 오히려 분노가 치밀어 오르는데, 하물며 대장부가 가만히 계시겠습니까? 지금 여러 사람들의 마음이 홀연히 변한 것은 하늘의 뜻이 돌아온 것입니다."

유씨가 손수 갑옷을 가지고 와서 입히자 이에 여러 장수가 옹위하여 나아갔다. 새벽녘에 노적가리 위에 앉아 군신의 예를 행하고 사람을 시켜 달려가며 소리 높이 외치게 했다.

"왕공이 이미 정의의 깃발을 들었다."

그러자 황급하게 달려오는 자가 많았다. 먼저 궁궐 문에 도착해 북을 치고 떠들면서 기다리는 자도 또한 1만여 명이나 되었다. 이윽고 포정전에서 즉위하고, '천수(天授)라는 연호를 세웠다. 궁예가 변고를 듣고 놀라서 말하기를,

"왕공이 나라를 얻었으니 나는 끝이 났다."

하였다. 미복차림을 하고 북문으로 도망쳐 암곡에 숨어서 이틀 밤을 묵었다. 그러나 굶주림이 심해 보리 이삭을 몰래 잘라 먹다가 부양(斧壤) 백성에게 살해되었다. 지금도 안변의 삼릉구에 궁예가 피살당한 곳이 있다.

요승 신돈과 공민왕

고려 공민왕 14년(1365) 을사년 5월 요승 편조(遍照)를 스승으로 삼고 청한거사(淸閑居士)라는 호를 받았다. 신돈은 영산현 옥천사의 노비였다. 신돈은 어려서 승려가 되었으나 승려들 사이에 참여하지 못하였다. 그 어미가 천했기 때문이다.

공민왕이 하루는 어떤 사람이 칼로 자기를 찌르는 것을 한 승려가 곁에 있다가 구원해 주어서 화를 면한 꿈을 꾸었다. 이튿날 태후에게 꿈 이야기를 하였다. 그런데 그 때 마침 김원명(金元命)이 신돈을 데리고 왕을 알현했는데, 그 모습이 꿈에 본 승려와 흡사했다.
왕은 크게 이상하게 여겨 신돈을 데리고 이야기해 본즉 대단히 총명하고 지혜로웠다. 그는 스스로 득도했다고 하면서 고담준론으로 궤변을 토하여 왕의 마음에 꼭 들었다. 공민왕은 본래 불교를 믿는데다가 또 꿈에 현혹되어서 이 때부터 신돈을 누차 비밀리에 내전으로 불러들여 불교에 대한 이야기를 하였다.

신돈은 문맹이었으나 항상 서울 안을 돌아다니며 불교를 권하면서 과부들을 허황한 말로 유혹해 간음하였다. 왕을 만나 본 후로는 몸차림을 되도록 초라하게 꾸며 아무리 더운 여름이나 추운 겨울이라도 항상 해진 납의(衲衣) 한 벌로 지냈다.

이에 왕은 더욱 존중히 여겨서 신돈에게 하사하는 의복과 음식은
반드시 정결히 만들게 하고 심지어 버선까지도 반드시 머리 위까
지 받들어 올려 존경을 표시하곤 하였다. 이승경(李承慶)이 이 광
경을 보고 말하였다.
"나라를 어지럽힐 놈은 이 승려일 것이다."
정세운(鄭世雲) 또한 요승으로 인정하고 죽이려고 하였으므로 왕
이 비밀리에 피신시켰다.
이승경과 정세운이 죽은 다음에 신돈은 머리를 기르고 유랑 걸식
하는 두타가 되어 다시 왕을 찾아보았다. 이 때부터 신돈은 궁중
에 들어와서 정권을 장악하게 되었다. 왕은 그의 말이면 듣지 않
은 바가 없었으므로 많은 사람이 그에게 아부하였다.

가을 7월 계미일에 왕은 그를 진평후(眞平侯)로 봉했다. 12월에는
'수정이순논도섭리보세공신(守正履順論道燮理保世功臣) 벽상삼한
(壁上三韓) 삼중대광(三重大匡) 영도첨의사사(領都僉議使司) 판감
찰사사(判監察司事) 취성부원군(鷲城府院君) 제조승록사사(提調僧
錄司事) 겸판서운관사(謙判書雲觀事)'의 공신 칭호와 관직을 주었
으며, 이 때 성은 신(辛)으로 칭하고 이름을 돈(旽)으로 바꿨다.
처음 공민왕이 즉위하고 오랫동안 왕위에 있으면서 많은 재상들에
대하여 만족을 느끼지 못하였다. 세신대족(世臣大族)은 친당(親黨)
의 뿌리가 얽혀 서로 엄폐하고 있으며, 초야신진은 자기의 행동을
가식하여 명망을 얻어서 귀하게 되면 자기 가문이 한미함을 부끄
럽게 여겨 대족과 혼인하여 초기의 결점을 모두 버렸으며, 유생들
은 과단성이 적고 기백이 없었다. 게다가 문생이다, 좌주다, 동년
이다 하면서 서로 당파가 되어 사사로이 정에 이끌렸다. 이에 공
민왕은 이상 세 부류는 모두 쓸 수 없다고 여겼다. 그리하여 세상
을 초월하여 홀로 우뚝 서 독행(篤行)할 사람을 얻어서 크게 등용
함으로써 과거의 폐단을 혁신하여 보려는 생각을 가지고 있었다.

그러던 차에 신돈을 보게 되자, 그가 득도하여서 욕심이 없고 미천하여서 친척도 없으니 대사를 위임하면 반드시 정실에 구애됨이 없이 일을 마음먹은 대로 할 수 있을 것이라고 생각하였다. 그래서 드디어 일개 무명 승려인 그를 발탁하여 국정을 위임하고 의심하지 않았다.

왕이 신돈에게 속세에 내려앉아 세상을 구하라고 청하니, 신돈은 짐짓 거절함으로써 왕의 결심을 공고히 하려고 하였다. 왕이 굳이 청하니 그제야 신돈이 말하였다.
"일찍이 듣건대 왕과 대신들이 참소와 이간을 잘 믿는다는데, 그렇게 하지 않아야 세상에 복리를 가져올 수 있습니다."
이에 왕이 친필로 서약서를 썼다.
"스승은 나를 구원하고 나는 스승을 구원하여 어떤 일이 있어도 남의 말을 듣고 의혹을 품지 않을 것이다. 이것은 부처와 하늘이 증명하실 것이다."
신돈은 그제야 왕과 함께 나라 정사를 의논하였다.
정권을 잡은 지 30일 내외에 명망이 있는 재상과 대간들을 파직하여 쫓아냈다. 대간(臺諫)이 모두 그 문 밖으로 쫓겨났다. 영도첨의(領都僉議)는 오랜 기간 그 자리를 비워 두었다가 이 때 자신이 그 벼슬을 겸하였다. 이렇게 하여 놓고 비로소 궁중에서 나와 기현(奇顯)의 집에 기숙했는데, 백관들은 그 집으로 가서 일을 의논하였다.

신돈은 진사년에 성인이 나온다는 예언을 인용하여,
"성인이란 아마도 나를 두고 말한 것이 아닌가!"
공공연하게 말하였다. 신돈은 날이 갈수록 탐욕스럽고 음탕해져서 뇌물을 문이 미어지게 받아들였으며, 집에 있을 때엔 술을 마시고 고기를 먹고 마음대로 성색을 향락하였다. 그러다가도 왕의 앞에서는 청담을 하고 음식도 채소·과실·차만 들었다. 하루는 밀직제학 이달충(李達衷)이 여러 사람들이 모인 좌석에서 신돈에게 말하기를,

"사람들의 말이 당신이 술과 여색이 과도하다고 하오."

하였더니 신돈이 불쾌히 여기고 그를 파면시켰다.

15년 여름 4월 왕이 후계자가 없었으므로 왕비를 구하려고 종실인 덕풍군(德豊君) 왕의(王義) 우상시(右常侍) 안극인(安克仁)의 딸을 왕비로 삼았는데 신돈은 왕과 호상(胡床)에 나란히 앉아서 보았다.

갑자기 좌사의대부 정추(鄭樞), 우정언 이존오(李存吾)가 상소를 올려 아뢰었다.

"신돈은 항상 말을 타고 홍문(紅門)을 출입하고 전하와 나란히 호상에 앉아 있으며, 그의 집에서는 재상들이 뜰아래에서 절을 해도 늘 앉아서 대하고 있습니다. 최항(崔沆)·김인준(金仁俊)·임연(林衍) 등이 한 짓도 이렇지 않았습니다."

왕이 크게 노하여 명을 내려 그 상소문을 불에 태워 없애 버리라고 하였다. 정추와 이존오를 불러 면대하여 책망할 때 신돈은 왕과 마주 앉아 있었다. 이존오는 신돈을 흘겨보면서,

"늙은 중놈이 어찌 이렇게도 무례하냐!"

질책하였다. 신돈은 놀라 엉겁결에 의자에서 내려왔다. 왕이 더욱 노하여 그들을 순군옥에 가두었다. 신돈의 도당이 그들을 반드시 죽이려고 하였으나 이색(李穡)이 구하여 모면하게 하였다. 이로부터 신돈의 사나움과 오만함이 더욱 심하였다. 재상 대간이 다 신돈에게 붙어 말길이 막혔다. 을해년에 신돈은 그 도당으로 황상(黃裳)·이수산(李壽山) 등 11인을 금위 제조관(禁衛提調官)으로 삼았다. 이렇게 되니 조정 내외의 모든 권력이 신돈에게 집중되었다.

신돈이 재추(宰樞)들과 함께 광주 천왕사의 불사리를 왕륜사에 안치하였다. 무인년에 왕이 백관을 거느리고 관람하고 황금과 무늬 비단 그리고 승포(僧布) 8백 필을 하사하였다. 재추(宰樞) 이하 백관들은 의관을 정제하고 뜰에 서 있었으나 신돈은 반비의(半臂衣)를 입고 손에는 부채를 든 채 왕과 자리를 나란히 놓고 앉아 있었다. 왕이 사리에 절하자 신돈 역시 절했다. 그리고 소매에서 연화문을 꺼내서 들고 선 채로 왕에게 주니, 왕은 이를 받아들고 더욱 공손하게 서명하였다.

5월 신돈은 전민추정도감(田民推整都監)을 설치하고 스스로 판사가 되어 영을 내렸다.
"지금 기강이 크게 훼손되어 탐오가 떳떳한 관습이 되어 종묘·학교·창고·군수전 및 백성들의 세업 전민은 거의 다 호부하고 세력이 있는 집들이 강탈 점령하였다. 혹 이미 반환하라는 판결을 받고도 그대로 지니고 있거나 혹 양민을 예속된 노예로 삼고 있다. 그리고 각 주현의 역리(驛吏)·관노(官奴)·백성들로서 부역을 피해 도망한 자들을 모조리 은닉하여 크게 농장을 차려서 백성에게 해독을 끼치고 나라를 궁핍하게 만들고 있다. 이것이 하늘에 닿아 수재와 한재 그리고 역질이 끊이지 않고 있다. 이제 도감을 설치하고 그 시정 사업을 담당케 하였으니, 자기 잘못을 알고 스스로 사정하는 자는 과거를 묻지 않겠다. 그러나 기한이 경과한 후에 일이 발각된 자는 처벌할 것이며, 무고한 자는 그 벌을 도로 받을 것이다."

이 영이 발포되자 세도 있는 많은 집들이 강점했던 전민을 구 주인에게 반환하였다. 중외의 모든 백성이 기뻐하였다. 신돈은 이틀에 한번 꼴로 도감으로 갔다. 이인임과 이춘부를 위시한 사람들이 신소를 받고 판결을 내렸다. 신돈은 겉으로는 공도대의(公道大義)

를 표방하면서 호소하는 자는 모두 다 양민으로 만들어 주었다. 그러므로 노예로서 주인을 배반한 사람들이 벌떼처럼 들고 일어나 "성인이 나왔다"라고 하였다.

8월 신원은 이구수(李龜壽)를 송광사, 김귀(金貴)를 여산사(廬山寺), 박춘(朴椿)을 열암사(裂岩寺)에 안치하였다. 뒤에 두 사람은 사람을 보내 다 강에 빠뜨려 죽였다. 궁중에서 문수회를 7일 동안 설치하였다. 왕은 왕위를 이을 자식이 없음을 근심하였는데, 그것이 언사와 안색에 나타나고 때로는 눈물까지 흘렸다. 이 때 신돈이 왕에게 그럴 듯하게 말하였다.
"문수회를 열면 반드시 원자가 탄생하게 될 것입니다."
이에 왕이 신돈의 말대로 따르면서 마음이 흡족해 아들 얻을 희망을 가지게 되었다. 문수회 하루 전날 궁궐 안에 정결한 집을 따로 세워서 갈대로 지붕을 이어 도량을 만들고 소라를 불고 북을 치니, 마치 3군이 고각을 울리는 듯했다. 도성 사람들이 그 소리를 듣고 처음에는 궁중에 변이 생긴 것으로 알고 모두 놀랐다. 오랜 시간이 지나서야 안정되었다. 문수회를 끝마치고 신돈이 궁중에서 나오는데 승려를 비롯한 각색 잡인들이 궁문이 메워지게 쏟아져 나왔다. 그 비용이 한정 없었다.

9월 왕이 신돈의 원찰인 낙산사에 갔을 때 좌우 시종들이 앞을 다투어 아뢰자 왕은 말하였다.
"금년의 대풍작은 실로 첨의(僉議)가 음양을 잘 섭리한 덕이다."
왕은 신돈을 존경해서 항상 '첨의'라고 부르고 이름을 부르지 않았다.
신돈은 그의 도당인 오일악(吳一鶚)에게 은밀히 시켜 발원문을 써 가지고 낙산사 관음보살 앞에 가서 기도하게 하였다. 그 글은 이렇다.

"원하옵건대 당신의 제자 신돈의 혈육인 모니노(牟尼奴)가 수명과 복록을 가지고 이 나라에 살게 하여 주십시오."

모니는 신돈의 비첩 반야의 소생인데 바로 우(禑 ; 우왕)이다. 혹자가 말했다.

"처음에 신돈이 사비(私婢) 반야를 들여서 아이를 배게 하였다. 반야가 임신해서 만삭이 되자 신돈이 자기의 친구인 승려 능우(能祐)의 어머니 집으로 반야를 보내 아이를 낳게 하였다. 반야는 7일 만에 돌아오고, 능우의 어머니가 이 아이를 거두어 길렀다. 그런데 첫 돌이 못되어 죽었다. 능우는 신돈의 책망이 두려워 죽은 아이와 얼굴이 비슷한 아이를 사방으로 물색하다가 이웃 사람의 아이를 훔쳐서 딴 곳에 두었다. 그리고 신돈에게 '아이가 병이 났으니 성 밖으로 옮겨 키우도록 해달라'고 청하자, 신돈이 이를 승낙하였다. 그 후 1년이 지나 신돈이 그 아이를 데려다가 자기 집에서 양육하는데, 반야도 그것이 자기 아이가 아닌 줄을 몰랐다."

왕이 항상 후사가 없음을 근심하던 차에 하루는 미행으로 신돈의 집에 가니, 신돈이 그 아이를 가리키면서 말하였다.

"원컨대 전하께서는 이 아이를 양자로 삼아서 후사를 이으소서!"

이 때 왕이 아이를 곁눈으로 보고 웃기만 하고 대답하지 않았다. 그러나 마음 속으로는 이에 동의하였다.

16년(1367) 2월에 원나라에서 신돈에게 집현전 대학사 벼슬을 주고 옷과 술을 보내왔다. 그는 물품을 집에 받아 놓고 말했다.

"이런 물건이 나에게 무슨 소용이 있나? 단지 그 사람들이 보내준 것이니 내다 버릴 수도 없다."

5월 병술일에 왕이 국학을 중영(重營)할 것을 명하니 중외의 유관들이 품계에 따라 포를 내어 그 비용을 도왔다. 먼저 신돈과 이색 등이 승문관에 모여서 성균관의 옛터를 돌아보았는데, 이 때 신돈은 관을 벗고 고두하면서 선성에 맹세하며 말하였다.

"정성을 다해 다시 건축하겠습니다."

좌우에 있던 사람들이 모두 말하였다.

"옛 규모에서 조금 못하게 하면 일이 쉽게 될 것입니다."

신돈이 말하였다.

"공자는 천하 만세의 스승인데 어찌 사소한 비용을 절약하느라고 전대의 규모보다 못하게 할 수 있겠는가!"

8월 승려 천희(千禧)를 국사로 삼고 선현(禪顯)을 왕사로 삼았다. 승려 선현과 천희는 모두 신돈과 친밀하였다. 왕은 아홉 번 절하고 선현은 서서 절을 받았다. 그리고 백관들은 조복을 입고 반열에 섰는데, 신돈만은 홀로 융복(戎服)을 입고 전상에 서서 왕이 한 번 절할 때마다 입에 침이 마르게 칭찬을 하면서 내시들에게 가만히 말했다.

"주상의 예의를 다하는 모습이 천하에 드문 일이다."

사관 윤소종(尹紹宗)이 곁에 있었는데 신돈이 돌아보고 말했다.

"망령되게 국사를 쓰지 말라. 내가 장차 이를 취하여 보리라."

원나라 사신 걸철(乞徹)이 와서 물었다.

"듣건대 너희 나라에 권왕(權王)이 있다는데 어디에 있느냐?"

이것이 중국이 신돈을 권왕이라고 이른 까닭이다.

겨울 10월 왕이 걸어서 신돈의 집에 행차하고 술을 내려 낙성을 축하하였다. 처음 신돈이 기현의 집에 있으면서 봉선사 송강(松岡)을 경유하여 왕궁에 출입하였다. 그런데 언덕의 서남쪽에 빈 땅이 있는지라 신돈이 왕에게 아뢰었다.

"다행이 이곳에 나아가 작은 방을 만들어 두면 노복이 나고 듦에 자못 편할까 하나이다."

이에 왕이 허락하였다. 신돈이 그 무리를 나누어 역사를 독촉하자 며칠이 안 되어 완성되었는데 넓고 밝으며 깊숙하여 조용하였다.

또 북원(北園)에다가 별실을 짓고 중문(重門)은 깊고 그윽한데 밝은 창과 깨끗한 책상에 향을 피우고 홀로 앉으니 엄숙하여 욕심이 없는 자 같았다.

지도첨의 오인택(吳仁澤)이 전 시중 경천흥(慶千興)과 삼사 좌사 김원명(金元命) 등과 더불어 비밀히 의논하였다.
"신돈은 간사하고 망령되며 음흉하고 교활하여 사람을 참소하고 헐뜯기를 좋아합니다. 훈구(勳舊)를 쫓아내고 무고한 사람을 죽여서 당세가 날로 성합니다. 도선비기에 승도 아니오 속도 아닌 자가 정사를 문란케 하고 나라를 망친다는 말이 있는데 반드시 이 사람입니다. 장차 국가의 큰 화가 될 것이니 마땅히 왕께 아뢰어 빨리 이를 제거하여야 합니다."
판서 신귀(辛貴)가 이를 듣고 신돈에게 고하자 왕에게 나아가 변을 고하여 말하였다.
"신돈은 산수간에 한 승려이온데 왕께서 억지로 이에 이르게 하심에 감히 명을 어기지 못하여 간악을 제거하고 현량(賢良)을 써서 삼한의 백성으로 하여금 조금은 편안함을 얻게 한 연후에 장차 옷 한 벌 발우 하나로 산림에 돌아가고자 생각하였습니다. 그런데 이제 나라 사람이 장차 저를 죽이고자 하오니 원컨대 왕께서는 긍휼히 여기소서!"
왕이 놀라 그 까닭을 묻자 신돈은 자세히 신귀의 말로써 대답하였다. 왕은 곧 명을 내려 오인택 등을 순군옥에 가두고 국문하고 매를 쳐 유배하였다.

17년(1368) 9월 비로소 처음으로 신돈의 첩 반야에게 매월 30석씩 쌀을 주었다.
19년(1360) 여름 4월 정묘일에 신돈이 문수회를 연복사에 설치하였다. 왕이 가서 관람하고 승려들에게 포 5천5백 필을 하사하였다.

9월 신유일에 왕이 왕륜사에 행차해 천병신중도량을 설치하고 7일간 계속한 후 돌아왔다. 왕이 손수 소를 썼으며 승려들에게 포 1천5백 필을 하사하였다. 신돈 역시 포 1천5백 필을 베풀었다.

11월 팔관회를 설치하였다. 신돈이 왕을 대신하여 군신의 조하를 의봉루에서 받았다.

19년(1370) 여름 4월 무진일에 문수회를 연복사에서 베풀었다. 왕이 신돈에게 명하여 먼저 가도록 하였다. 이에 승선(承宣) 및 위사(衛士)에게 신돈을 호위하게 하고 드디어 친히 가서 이를 관람하였다.

20년(1371) 6월 병진일에 선부의랑 이인(李靭)이 임금에게 익명으로 글을 올려 신돈이 역모를 꾸미고 있음을 고하였다. 이에 그 도당 기현(奇顯)·최사원(崔思遠)·정구한(鄭龜漢)·진윤검(陳允儉)·기충수(奇仲脩) 등을 주살하였다. 기미일에 신돈을 수원에 유배하였다가 신유일에 주살하였다. 양부(兩府)·대간(臺諫)·이부(理部)가 글을 올려 신돈의 대역죄를 논박하고 극형에 처할 것을 청하자 왕이 이에 따른 것이다. 대사성 임박(林樸)과 판서 김두(金斗)를 보내 수원에서 주살하였다.

처음에 왕이 신돈과 춘부(春富) 등과 더불어 동맹하였더니 이에 이르러 임박에게 맹서를 주어 신돈에게 보이게 하고 죄를 헤아려 말하였다.

"네가 일찍이 말하기를 부녀를 가까이 함은 끌어들여 기운을 북돋움이요, 감히 사통함은 아니라고 하였다. 이제 듣건대 자식을 낳음에 이르렀다 하니 이것이 맹서에 있는 것이냐? 성 안에 집을 지음이 일곱에 이르렀으니 이것도 맹서에 있는 것이냐? 이와 같은 몇 가지 일로 죄를 헤아리기를 마치거든 가히 이 맹서를 불사르도록 하라."

임박이 수원에 도착해 거짓으로 사람을 시켜 왕이 부른다고 하자, 신돈이 기뻐하며 말하기를,

"금일에 소환함은 대개 아지(阿只)가 나를 생각하기 때문이다."

하였다. 아지는 방언으로 어린아이를 칭한다. 신돈이 형을 당할 때 손을 모으고 임박에게

"원컨대 아지를 보아서 나를 살려 달라."

고 애걸하였다. 이내 신돈을 주살하였다.

신돈은 성품이 사냥개를 두려워해서 사냥을 싫어하였으며, 음행을 제멋대로 저질러 항상 오골계와 백마를 죽여 양기를 복돋웠다. 이 때 사람들은 신돈을 노호정(老狐精 ; 늙은 여우의 혼이 씌인 요물) 이라 말하였다.

연성법회(連聲法會)를 원망하다

고려 예종 11년 정축년(1116) 봄 정월 무진일 초하루에 바람이 하늘로부터 불어왔다. 태사가 "나라에 우환이 있을 것입니다"라고 아뢰자 왕이 근심하였다. 점쟁이 내시 영의(榮儀)가 이에 나아가 재앙을 물리치는 일에 대해 아뢰자, 왕이 이 말을 믿고 영통사와 경천사 등 다섯 사찰에 명해 이달부터 연말까지 항상 불사를 행하여 재앙을 물리쳤다. 처음 영의의 아버지 상(尙)은 일찍이 섬으로 귀양 갔는데, 섬에서 역민의 후예와 결혼하여 영의를 낳았다.

영의는 용모가 괴이하며 성품이 간사하고 교활하였다. 항상 국가의 기초가 되는 사업의 멀고 가까움과 임금의 수명의 길고 짧음이 다만 재앙을 물리치기 위해 기도하는 것의 부지런함과 게으름에 있으며, 각처를 순시하는 것의 빈번함과 소원함에 있다 하니 왕이 자못 미혹하였다. 영의는 매양 왕의 근심을 살펴서 문득 아뢰었다.
"모년 모월에 재화가 있을 것입니다. 법을 의지해 재앙을 물리친다면 곧 우환이 없을 것입니다."
관사를 두고 재앙이 물러가도록 기도했다. 다행히 아무 일도 없으면
"모두 이것은 나의 힘이다."
말하였다.

또 수명을 늘이고자 하면 모름지기 하늘의 제석과 관음보살을 섬기라고 아뢰었다. 왕이 제석과 관음보살의 화상을 많이 그려서 내외의 사원에 나누어 보내고 널리 깨끗한 나물을 차려 놓아 축성법회라고 하였다. 주와 군의 창고에서 재화를 내어 그 비용을 자급하였다. 영의가 네 마리의 말이 끄는 수레를 타고 순시하면, 수령과 승려들이 모두 그 가혹함을 두려워하여 다투어 뇌물을 보내왔다. 또 안화사에 제석천과 관음과 수보리의 소상(塑像)을 만들어 안치하고, 승려들을 모아 주야로 소리를 이어 모든 보살의 명호를 부르게 하였다. 이를 일컬어 연성법석(連聲法席)이라고 하였다.

영의가 낮에 고행에 힘쓰는 모습을 보이고 밤새도록 예배하였는데, 왕이 그 때 행차하여 이 모습을 보고 특별히 포상을 더하였다. 또 영의의 말을 믿어 두루 원근의 신사(神祠)에 제사 지내고, 사자의 왕래가 끊이지 않았다. 혹 민간의 이름난 집을 취하여 궁성에서 떨어진 궁전의 별관을 삼거나 혹 백성들을 시켜서 산속 재각과 성 밖 농막을 경영하도록 하였다. 순행함은 정해진 때가 없었다. 또 모든 사찰에서 다 법회를 베풀었는데 1천 일이나 1만 일을 기한으로 삼았다. 서울 밖 부고(府庫)가 바닥을 드러내자 사람들이 다 영의를 원망하였다.

민중들을 현혹한 술승(術僧)들

고려 숙종 6년(1101)에 평주의 요승 각진(覺眞)이 망령되게 음양을 말해 많은 사람들을 현혹하였다. 이에 조칙에 의해 곡주로 유배되었다.

고종 4년 정축년에 낭장(郎將) 김덕명은 일찍이 음양의 설로 최충헌에게 아부해 자주 요역(徭役)을 일으키고 여러 사찰을 침범하여 손실을 초래하였다. 승려들이 그를 원망하여 그의 집을 헐어 버렸다. 또 충헌을 공격하였으나 이기지 못하고 승도 8백여 인이 죽음을 당해 피가 흘러 냇물을 이루었다.

또 10년 후에 삼계현 사람 최산보(崔山甫)가 음양술수에 밝았는데, 머리를 깎고 삼계현 금강사의 주지가 되었다. 외조카 창정(倉正)·광효(光曉) 등과 함께 약탈을 일삼았는데, 광효는 인가의 소를 도적질해 쌓아 놓고 먹었다. 현의 관리가 체포하려 하자, 광효는 도망가고 산보 또한 이름을 주연지(周演之)로 바꾸고 떠돌다가 다른 지역에서 살았다. 훗날 서울에 와서 점술로 사람들을 미혹했다. 최우(崔瑀 ; 최충헌의 아들)가 불러 칭송하고 날이 갈수록 더욱 가까이하고 신임하며 모든 일에 자문을 구하였다. 세력이 강성하고 나날이 융성해져 능히 사람들에게 화와 복을 내릴 수 있게 되자, 사람들이 모두 두려워하며 다투어 뇌물을 보냈다. 마침내 거부(巨富)가 되었다.

술승 도일(道一)이 제자가 되어 함께 은밀히 모의해 스스로 말하였다.

"소리를 살피고 얼굴색을 관찰하여 능히 사람의 빈부와 수명의 장단을 판별할 수 있다"

이로 말미암아 부녀자 중 아름다운 이들을 많이 끌어들였으나 사람들이 그 위세를 두려워해 말하지 못했다.

어느 날 연지가 전왕(前王 ; 희종)의 복위를 도모한다고 고발당하자 최우는 곧 전왕을 교동(喬桐)으로 옮기고 연지를 바다에 빠뜨렸다. 그리고 그 족속들을 평정하되 길에서 잡아 하나같이 죽여버렸다.

상현이 말했다.

"고려시대에는 음양술수가 세상에 성행하였다. 이에 첫째도 술승이요, 둘째도 술승이었다. 모두 도선이 말한 도참에서 나왔는데, 후세 사람들이 또한 거짓 구실을 삼아 이치에 맞지 않는 일을 억지로 가져다 붙였다. 점술가 또한 운이 좋은 이가 있고 불행한 이가 있었다. 각진(覺眞)은 음양을 말하다가 마침내 귀양을 가게 되었다. 산보(山甫)와 도일(道一) 등은 술수로 잠시나마 세력을 얻었다. 비록 그러나 마침내 죽음을 당해 재앙을 모면하지 못하였다. 망언으로 사람을 속인 과보가 눈앞에 나타났으니, 가히 거울로 삼아 경계하지 않을 수 있겠는가. 승려들이 집정(최충헌)을 주살하려고 도모하기에 이르니, 이 때 승려들은 최충헌과 싸우지 않을 수 없었다.

명종 4년 갑오년(1174) 봄 정월에 귀법사 승려 백여 명이 성의 북문을 침범해 선유승록 언선(彦宣)을 죽였다. 이의방이 병사 천여 명을 거느리고 수십 명의 승려를 격살(擊殺)하자 나머지는 다

흩어져 버렸다. 병졸도 죽거나 상한 자가 많았다. 중광(重光)·홍호(弘護)·귀법(歸法)·홍화(弘化) 등 여러 사찰의 승려 2천여 명이 성의 동문에 집결해 문을 닫고 성밖 인가를 불살라 버렸다. 숭인문을 불태우고 들어가 의방 형제를 살해하고자 하였다. 그러나 이의방이 알아차리고 부병(府兵)을 징집해 축축하고 승려 백여 명을 죽였다. 부병 또한 죽은 자가 많았다.

이에 부병으로 하여금 성문을 나누어 지키게 하고 승려의 출입을 금지시켰다. 그리고 부병을 보내 중광·홍호·귀법·용흥·묘지·흥복 등의 사찰을 파괴하고 불살랐다. 사찰의 재화와 그릇들을 가지고 되돌아오는데 승려들이 길에서 습격해 다시 빼앗으려고 하였다. 이에 부병들 중 죽은 자가 매우 많았다. 드디어 왕이 머무는 성도 아수라장으로 변해 버렸다. 승려의 역사 이래 결코 이런 일은 없었다. 일본에서도 주작천황(朱雀天皇) 장력 연간에 예산의 천태종 승도가 와서 관백 뇌통(賴通)의 집을 불시에 덮쳤다. 뇌통은 평직(平直)을 보내 바야흐로 그들을 토벌하고 그 거괴(巨魁)를 잡아들였다. 이 때 모든 산의 승도들이 갑옷을 입고 병기를 몸에 지님이 완연이 병영(兵營)과 같았다. 출가해서 도를 닦는다고 하는 사람들이 이래서야 되겠는가!"

미륵불을 자칭한 요승들

고려 신우왕(辛禑王) 8년 임술년(1382) 5월에 요사스러운 백성 이금(伊金)을 죽였다. 이금은 성안 백성으로 자칭 미륵불이라면서 대중을 현혹했다.

"내가 석가모니불을 보냈다. 무릇 하늘과 땅의 신에게 기도하는 자와 말과 소의 고기를 먹는 자와 재화를 다른 사람에게 나누어 주지 않는 자는 반드시 죽을 것이다. 만약 나의 말을 믿지 않으면 3월에 해와 달이 빛을 잃을 것이다."

또한 말했다.

"내가 작용을 부리면 풀에 푸른 꽃이 피고 혹 나무에 곡식과 열매가 맺고 혹 한번 씨앗을 뿌려 다시 벨 수 있다."

어리석은 백성들이 이 말을 믿고 앞다투어 쌀과 비단과 금과 은을 베풀며, 소와 말이 죽으면 버리고 먹지 않았으며, 재화가 있는 자는 모두 다른 사람에게 주어버렸다.

이금은 또한 말했다.

"내가 산천의 신을 타일러서 다 일본으로 보냈다. 왜적을 쉽게 사로잡을 것이다."

이에 무당들이 더욱더 공경하여 믿었다. 성황사(城隍祠)의 신을 철거하고 이금을 부처와 같이 공경하며 복리를 기원하였다. 무뢰배들이 이금을 따라 화합하며 스스로 제자라고 칭하며, 서로 돌아가면서 속이고 기만했다. 주군(州郡)에 이르면 수령이 혹 나와서 맞이했다. 관청의 상사 청주 목사 권지(權知)가 이금을 유치하여서 괴수 5인을 묶어 가두었다. 이에 도당(都堂)에서 문서를 모든 도에 돌려서 다 잡아 목을 베었다. 전 판사 양원격은 본래 그 설을 신봉하였다. 이 때 달아나 자취를 감추었으나 끝까지 수색하여 잡았다. 곤장을 때리거나 유배를 보내거나 징역을 살리거나 사형시켰다.

조선시대에도 또한 이와 비슷한 사건이 있었다.
『숙종대왕 14년 무진년 8월 요승 여환(呂還)이라는 자가 있었는데 출신지를 알 수 없었다. 그의 처 원향(遠香)은 문화현의 백성으로 요망한 말로 대중을 현혹했다. 이에 무식하고 어리석은 백성이 다투어 서로 모여들었다. 자칭 용녀부인이라고 하면서 문화현으로부터 두루 황해의 모든 현을 통과해 강원도로 들어갔다가 양주에 이르렀다. 그녀가 지나는 고삼도 존경하여 신봉하는 무리들이 헤아릴 수 없이 많았다.

식녕 군수 이세필(李世弼)이 양주로 문서를 보내 뒤따라가 체포하게 하니, 목사 최규서(崔奎瑞)는 여환과 원향을 잡아 보내면서 아예 입을 열지 못하도록 하였다. 원향은 언변이 유창하기 이를데 없었으나, 하는 말마다 모두 괴이하고 허망하며 인륜에 위배된 말이고, 이간질하거나 도리에 맞지 않는 말들뿐이었다. 곧 본래의 뜻을 받아들여 방백(方伯)에게 알리고 또 조정에 알렸다. 영상 김수흥(金壽興) 등이 입궐하여 최규서가 본 읍의 적도들을 바로 형벌에 처하였다는 것을 이유로 파직을 청하였다.』

또 성호사설(星湖僿說)에 이런 기사가 있다.
『지금부터 수년 전(영조 34년) 해서(海西)의 촌부가 갑자기 미륵불이 강림하였다고 칭하면서 허황된 말을 많이 해 사방 사람들이 바람같이 일어났는데, 관청에서도 능히 금하지 못하였다. 그가 스스로 미륵불이 석가와는 원수가 되어서 무릇 역내의 신사가 다 잘못되고 거짓되어 참된 것이 아니라고 했다. 이에 곳곳에서 신사들을 헐고 파괴해 버렸으니, 그를 믿고 따름이 이와 같았다. 조정에서 근신을 보내 그를 죽이라고까지 하였으나 동쪽 산골짜기 안에는 아직도 그 잔당들이 있다고 한다.』

대명률(大明律)에 이와 비슷한 기사가 있다.

『무릇 무당이 거짓으로 신이 강림하였다고 하여 부적을 쓰고, 물을 떠놓고 주문을 외며 난새를 잡아 성신(聖神)에게 기도하면서 스스로 서공(瑞公)이니 태보(太保)니 사파(師婆)라고 칭하는 자와, 망령되게 미륵불이니 백련사(白蓮社)니 명존교(明尊敎)니 백운종(白雲宗)이니 하며 모임을 갖고 일체 사악한 도(左道)로써 올바른 도를 어지럽히는 술수를 부리는 자와, 도상(圖像)을 숨겨 놓고 향을 사르며 대중을 모으되 밤에 모였다가 새벽에 흩어지고, 좋은 일을 하는 척하면서 백성들을 부추겨 현혹시킨다면 그 수괴는 교살하고 추정하는 자는 유배에 처한다고 하였다. 그 입법이 이토록 엄격하였다. 이후로도 계속해서 이러한 자가 일어난다면 마땅히 이와 같이 처단해야 할 것이다.』

이태왕(고종) 31년 갑오년 봄에 동학당(東學黨)이 처음 보은군에서 일어났다. 그 수괴 최시형이 '법헌선생(法憲先生)'이라 칭하고 무리를 모아 주문을 외웠다.

"시천주 조화정 영세불망 만사지(侍天主 造化定 永世不忘 萬事知)"

이 13자를 서로 전수하면서 이를 포덕(布德)이라고 하였다. 그 법은 흰쌀을 쪄서 떡을 만들고 또 깨끗한 물을 한 사발 떠서 탁자 위에 올리고 공양하며 하늘에 제사지내고 주문을 외우면 도의 몸이 자연스레 솟구쳐 떠올라 땅에서 한 치쯤 떨어진다고 하였다.
개고기를 먹지 못하게 하고 다투어 서로 말했다.
"만약 이 도를 행하면 적의 대포와 귀와 문이다."
자연생수는 사용할 수 없으니 그 어리석음과 미혹함이 이와 같
았다.

그러나 소재 군현에서도 능히 금지하지 못하였다. 전라·충청 양
도에 그 무리가 더욱 많았다. 무리배들이 벌이 일어나고 개미떼가
모여들듯 하였다. 포교하는 곳과 집회하는 곳의 명칭이 있다. 김
개남(金開南)은 남원에 있으면서 사람들을 불러 모아 집회를 열었
다. 조정에서는 초토사(招討使) 홍계훈(洪啓薰)을 보내 토벌하게
했으나 능히 다 평정하지 못하였다. 청나라 병사를 불러들이니 아
산으로 왔고, 일본 역시 병사를 동원해 한성으로 들어왔다. 이것
이 장차 청·일전쟁의 단서가 되었다. 가을과 겨울 사이에 동학당
(東學黨) 전봉준(全琫準)이 또한 고부군에서 봉기해 위로 공주를
침범하였다. 그러나 마침내 관군에게 사로잡혀서 서울로 호송되어
참수되었다.

선술군(仙術君) 묘청(妙淸)

고려 인종(仁宗) 5년(1127) 3월 갑진일에 서경의 요승 묘청과 일관 백수한(白壽翰) 등이 감언이설로 왕에게 상안전에서 관정도량을 베풀게 했는데, 그 술수가 괴이하고 허탄하기가 그지없었다.

6년(1128) 8월 을해일에 왕이 서경에 행차했다. 9월 병오일에 재상들에게 따르라 명하고 묘청과 백수한과 함께 궁궐을 정하기 위해 임원역(林原驛)의 지세를 보러 갔다. 승려 묘청과 검교소감으로 서경분사를 책임지고 있는 백수한이 음양비술로 말도 안되는 괴이하고 허탄한 설로 여러 사람을 현혹하였다. 정지상(鄭知常) 또한 서경 사람인데, 그들의 말을 깊이 믿고 수도(송도)의 운이 이미 쇠진하였으며 궁궐이 다 타 없어졌고, 서경(평양)은 왕기가 있으므로 그쪽으로 옮겨 앉아서 수도로 삼아야 한다고 생각하였다. 그리하여 왕의 근신인 내시낭중 김안(金安)과 모의하여 말하였다. "우리들이 만약 임금을 모시고 옮겨 가서 서경을 수도로 만든다면 마땅히 중흥공신이 될 것이니, 비단 우리 한 몸이 부귀를 누릴 뿐만 아니라 또한 자손을 위해서 무궁한 복이 될 것이다." 드디어 그것을 극구 칭찬하였다. 근산 홍이서(洪彝敍)와 이중부(李仲孚) 그리고 대신 문공인(文公仁) 임경청(林景淸) 또한 그들을 따라서 화창하였다.

이에 드디어 임금에게 아뢰었다.

"묘청은 성인이오, 백수한은 그 다음가는 사람입니다. 국가의 일을 일일이 자문한 후에 시행하십시오. 그들이 아뢰는 바는 마땅히 수용하지 않을 수 없는 즉 정사는 성과를 거두고 국가를 보전할 수 있습니다."

이와 같은 내용의 상소문을 작성해 돌리면서 모든 관원들에게 서명하라고 요구하였는데, 평장사 김부식과 참지정사 임원애, 승선의 지저만이 서명하지 않았다. 상소문이 제출되니 왕이 비록 의심을 품었으나 여러 사람들이 적극 주장하였으므로 믿지 않을 수 없었다.

이 때 묘청 등이 왕에게 건의하였다.
"신 등이 보건대 서경 임원역의 땅은 음양가들이 말하는 대화세입니다. 만약 이곳에 궁궐을 건축하고 옮겨 앉으면 천하를 병탄할 수 있습니다. 금나라가 방물을 바치고 스스로 항복할 것이며 36개 나라가 모두 조공하게 될 것입니다."
그러한 까닭에 이와 같은 명령이 있게 되었다. 11월 갑신일에 임원역으로 옮겨서 신궁을 지었다. 내시낭중 김안에게 명해 공사의 감독을 맡겼다. 이 때는 엄동설한이라 백성들의 원성이 자자하였다.
7년(1129) 봄 2월에 새 궁궐이 낙성되자 왕이 서경으로 행차해 이곳에 들었다. 이 때 묘청의 도당 가운데 어떤 자는 표문을 올려 황제라 칭하고 연호를 제정하라고 권고하였으며, 또 어떤 자는 유제(劉齊)와 약속해 금나라를 협공하여 멸망시키라고 청하였다. 그러나 식자들은 모두 불가능하다고 하였다. 묘청의 무리들이 별의별 말을 계속하였으나 왕은 끝내 듣지 않았다.

3월 왕이 새 궁궐의 건룡전에 나가 앉아서 모든 신하들의 축하를 받았다. 이 때 묘청·백수한·정지상 등이 말했다.

"방금 임금께서 건룡전에 좌정할 때 공중에서 선악(仙樂) 소리가 들렸습니다. 어찌 새 궁궐로 온데 대한 상서로운 징조가 아니겠습니까!"

드디어 축하의 표문을 초안하고 모든 재추(宰樞 ; 대신과 장상)들에게 서명을 요구했다. 그러나 재추들은 거절하였다.
"우리들은 비록 늙었지만 아직 귀는 멀지 않다. 공중의 풍악을 듣지 못하였다. 사람은 속여도 하늘은 못 속인다."

정지상이 분노해 말하였다.
"이것은 비상히 상서로운 징조이다. 마땅히 역사에 기록하여 후세에 전할 일인데, 대신들이 저 모양이니 실로 통탄할 일이다."
그러나 표문을 올리지는 못하였다.
8년(1130) 9월 왕이 명을 내려 홍경원(弘慶院)에 아타파구신(阿咤波拘神) 도량을, 선군청에 반야경 도량을 각각 14일 동안 베풀게 하였다. 이는 묘청의 말에 따라 시행한 것이었다. 서경 중흥사의 탑이 화재를 당하자 어떤 사람이 묘청에게 물었다.
"스님이 임금께 서경으로 행차하라고 청함은 재화를 진압하기 위해서였는데 어찌하여 이런 큰 재변이 생겼습니까?"
묘청은 얼굴을 붉히며 대답하지 못했다.

9년(1131) 8월 내시 김중부에게 명하여 임원궁상을 축성하고 궁중에 팔성당을 설치했다. 팔성이란,
첫째는 호국백두악태백선인(護國白頭嶽太白仙人)인데 실체는 문수사리보살이다.
둘째는 용위악육통존자(龍圍嶽六通尊者)인데 실체는 석가불이다.
셋째는 월성악천선(月城嶽天仙)인데 실체는 대변천신이다.
넷째는 구려평양선인(駒麗平壤仙人)인데 실체는 비바시불이다.

여섯째는 송악진주거사(松嶽震主居士)인데 실체는 금강색보살이다.
일곱째는 증성악신인(甑城嶽神人)인데 실체는 늑차천왕(勒叉天王)이다.
여덟째는 두악천녀(頭嶽天女)인데 실체는 부동우바이이다.

모두 그림 형상이니 묘청의 요설에 따랐다. 김안·이중부·정지상 등은 이것을 성인의 법이며 국운을 연장하는 술(術)이라고 하였다.

10년(1132) 봄 정월에 비로소 서울 궁궐을 수축하면서 평장사 최홍재와 문공인 그리고 임경청이 그 공사를 감역하였다. 그 터를 닦기 시작할 때 묘청은 최홍재 등 재신 3,4인과 역사를 담당하는 관원들에게 모두 공복(公服)을 입고 차례로 서게 하였다. 또 장군 4명은 갑옷을 입고 검을 든 채 4방에 서게 하였다. 그리고 병졸 120명은 창으로 무장하고 3백 명은 햇불을 잡고 20명은 촛불을 밝히고 둘러서게 했다. 그런 다음 묘청이 중앙에 자리잡고 길이 360보 되는 흰 삼베 밧줄 4조를 늘이고 그것을 네번 당기며 술법을 행하였다. 이 때 묘청이 스스로,
"이것은 태일옥장보법(太一玉帳步法)이다."
말하였다.

2월 임오일에 왕이 서경으로 행차하였다. 이 때 묘청과 백수한은 왕에게 아뢰었다.
"서울의 지세가 쇠퇴하였으므로 하늘이 재화를 내려서 궁궐이 모두 불탔습니다. 자주 서경에 행차하여 재앙을 물리치고 복을 맞이하여 무궁한 왕업을 누리소서!"
이에 왕이 여러 일관에게 물으니, 모두 다
"불가하다."
하였다. 그러나 정지상, 김안 그리고 몇몇 대신들이

"묘청의 말은 성인의 법이니 위반할 수 없습니다."
하니, 왕이 그대로 따랐다.

13년(1135) 봄 정월 묘청·유참(柳旵)·조광(趙匡) 등이 서경에서 반란을 일으키자 김부식을 원수로 삼아 토벌하도록 하였다. 김안·정지상·백수한을 참살하였다. 서경 사람이 묘청과 유참을 베고 항복을 청하였다.
14년(1136) 2월 김부식이 모든 군사를 모아 서경을 공격하자 성이 함락되었다. 조광은 분신자살하였다. 김부식은 표문을 올려 승전보를 바쳤다.

또 고려 인종(仁宗) 10년(1132) 윤3월 갑오일에 왕이 직접 서경에 와서 죄수들을 사면하였다. 처음으로 왕이 서경에 행차한 것이었다. 묘청·백수한·정지상 등이 은밀히 큰 떡을 만들어 그 가운데를 비우고 구멍을 뚫어 뜨거운 기름을 채워 대동강에 빠뜨렸다. 기름이 수면 위로 떠올라 오색처럼 보였다. 서경의 부로(父老)와 검교태사(檢校太師)로 치사(致仕)한 이제정 등 50인으로 하여금 표를 제출하여 황제라고 높여 부르고 연호를 건원이라고 칭할 것을 청하였다.

이로 말미암아 묘청과 정지상 등은 왕에게
"대동강에 상서로운 기운이 있는데 이것은 신룡(神龍)이 침을 통한 것입니다. 천년에 한 번 보기 드문 일입니다. 청하옵건대 위로는 천심에 응답하고, 아래로는 인망에 순응하면 금나라를 진압할 수 있습니다."
하고 설득하였다. 왕이 이에 대해 이지저(李之氐)에게 묻자 그는
"금나라는 강적이라 가볍게 볼 수 없습니다. 하물며 양부(兩府) 대신들이 상도(개경)에 머물며 지키고 있는데 한두 사람의 말만

듣고 대의를 결정해서는 안됩니다."
대답하였다. 왕은 이 말을 옳게 여겼다.

이에 백수한 등이 또 아뢰었다.
"대동강 신룡이 침을 토하고 오색구름을 일으킨 것은 비상하게 상서로운 징조입니다. 청하옵건대 백관들에게 축하의 표문을 올리도록 하십시오."

이에 왕은 평장사 문공인(文公仁)과 잠지정사 이준양(李俊陽) 등을 보내 그것을 유심히 살펴보게 하였다. 그 때 만다라(革詹)에 기름칠을 한 종이 "뜨거운 기름을 찬 물에 띄우면 이상한 빛이 난다" 하였다. 이에 헤엄을 잘 치는 자를 시켜 물 속에서 떡을 찾아내 속임수임을 알았다.

요승 효가(曉可)의 견성

고려 충선왕 5년 계축년(1313) 2월 순군옥(巡軍獄)에 요승 효가를 가두었다. 효가는 스스로 견성했다고 말하면서 요술을 부려서 백성들을 현혹시켰다. 그는 일찍이 꿀물과 쌀가루를 사람들에게 보이면서,
"이 감로사리는 모두 내 몸에서 나온 것이다."
라고 말하였다.

사람들은 그것이 거짓인 줄을 모르고 그 물을 마시거나 간직해 둔 자가 있었다. 또 일찍이 사람의 몸이 겨우 들어갈 만한 굴 하나를 발견하고 그 굴 위에 장작을 쌓아 놓은 후 거기에 올라앉아 무리들에게 말했다.
"내가 다비(茶毘)한 후 7일이 지나면 법신(法身)으로 변해 나타나리라."
마침내 장작을 불살라 연기와 불꽃이 사방에서 일어났다. 이 때 장작 속으로부터 골 안으로 몸을 굴려 들어가서 감과 밤을 먹고 지내다가 약속한 날짜가 되자 재를 털어내고 나왔다. 헌사(憲司)가 그 속임수를 알아채고 문초하자 마침내 굴복하였다. 이에 죄를 받아 옥에 갇혔다.

용재총화(慵齋叢話)에 이런 말이 있다.
"원심(遠心)이라는 승려가 있었다. 사문 도미는 익살스럽고 사심

도 없고 욕심도 없었다. 일찍이 그 제자들에게 말했다.
'나는 뼈를 불에 태워 화신(化身)하고자 한다.'
그 무리들이 땔나무를 쌓아 대(臺)를 만들었다. 원심이 그 위에
걸터앉아 있다가 불빛이 점점 다가오는 것을 보고 고통을 참지
못해 몰래 연기를 따라 빠져나와서 방장실(方丈室)에 돌아와 있었
다. 그 무리들은 스승이 이미 죽었다고 생각하여 서로 울면서 돌
아왔는데, 원심이 엄연히 선실(禪室)에 앉아 있는 모습을 보고 절
을 한 후 그 연고를 물었다. 원심이 말했다.
'나는 서천으로부터 왔다. 4대는 이미 화(化)하여 사라졌지만, 법
신은 상주하여 멸하지 않는다.'"

이 두 사람을 살펴보면 서로 비슷하지만, 하나는 거짓이고 하나는
익살스럽다. 진실로 함께 놓고 말할 수 없다. 원심의 행동은 세상
을 풍자하는 큰 뜻이 있었다. 그것도 보화(普化)의 흐름일 것이다.
가령 스스로 견성했다고 말한 것을 살펴보면, 근세의 선승들이 깨
달음을 얻지 못했으면서도 깨달았다고 여기는 것이 아니겠는가.
부처님께서 '제일의 대망어(大妄語)'라고 말씀하셨다. 스스로 견성
했다고 말함은 그래도 속을 수 있다. 심지어 '깨닫고 난 후 다시
미혹하니 술과 고기가 반야를 방해하지 않으며, 도둑질과 음란한
짓이 보리를 장애하지 않는다'라고 말한다면, 이는 모두 말법의
사악한 선(邪禪)이다. 스스로 그 허물의 마설(魔說)을 가리고자 한
것이다.

천고(天固)와 혜숙사(惠宿師)

고려 충렬왕 26년(1300) 경자년 5월 신축일에 스님이 거북기와(瓦龜) 한 쌍을 빚었다. 붉은 글씨로 기와 거북의 잔등에 괴이한 글을 적어 혜숙사(惠宿師) 석탑 아래에 묻었다. 얼마 지나지 않아 스스로 파헤쳐서
"이 거북은 매우 신이(神異)하다."
고 하면서 여러 사람들을 현혹시켰다. 이에 원나라 관리 활리길사(闊里吉思)가 붙잡아다가 매질하였다. 또 동경유수 라윤(羅允)이 이를 금지하지 않고 도리어 요술을 믿었다는 이유로 행성(行省)에 갇혔다.

혜숙사는 신라 고승 혜숙이 살던 곳이어서 그렇게 부른다. 삼국유사에 이런 말이 있다.
"승려 혜숙이 호세랑의 무리에서 자취를 감추자 호세랑이 황권(黃卷 ; 화랑의 명부)에서 이름을 지워버렸다. 스님도 적선촌(赤善村 ; 지금 安康縣)에 20여 년이나 은둔해 살았다. 그 때 국선 구참공(瞿旵公)이 일찍이 그 교외에 가서 사냥을 하고 있었다. 어느 날 혜숙이 길가에 나가 말고삐를 잡고 "소승도 따라가고 싶은데 괜찮겠습니까?"라고 청했다. 공은 허락하였다. 이에 혜숙은 이리저리 내달리며 옷을 벗어젖히고 서로 앞을 다투었다. 공은 매우 기뻐하였다.

피로를 풀려고 앉아 쉬면서 고기를 삶고 구워서 권하자 혜숙은 조금도 꺼리는 기색 없이 함께 고기를 먹었다. 이윽고 앞으로 나와 말하였다.

"지금 여기에 맛있는 고기가 있는데 좀 더 드시는 것이 어떻겠습니까?"

공은 "좋다"라고 말하였다.

그러자 혜숙은 사람을 물리치고 자신의 넓적다리 살을 베어 소반에 담아 올렸다. 옷에 붉은 피가 줄줄 흘러내리자 공은 깜짝 놀라 "어째서 이렇게 되었느냐?"

묻자 혜숙이 말했다.

"처음에 저는 공이 인자한 사람이므로 자신의 경우를 미루어 동물에까지 미친다고 여겨서 따라왔습니다. 그런데 지금 공이 좋아하는 것을 살펴보니 오직 살육만 탐하고 미물을 해쳐 자신을 봉양할 따름입니다. 어찌 사람을 이롭게 하는 군자가 할 일이겠습니까? 우리의 무리는 아닙니다."

마침내 혜숙은 옷을 털고 가 버렸다.

공은 크게 부끄러워 그가 먹던 쟁반을 보니 고기 살점이 그대로 있었다. 공은 매우 이상하게 여겨 돌아와서 조정에 아뢰었다. 진평왕이 그 말을 듣고 사신을 보내 맞이하게 하였다.

이 때 혜숙은 여자의 침상에 누워 자는 척했는데 이 모습을 본 중사(中使)가 비루하다고 여겨 되돌아왔다. 그런데 7,8리쯤 가다가 길에서 혜숙을 만나 어디서 오느냐고 물었다. 혜숙이 말했다.

"성안 시주집에서 7일재를 끝마치고 오는 길입니다."

중사가 그 말을 왕에게 아뢰었다. 사람을 보내 시주하는 집을 조사해 보니 그 일 역시 사실이었다. 얼마 후 혜숙이 갑자기 죽었다. 마을 사람들이 이현(耳峴)의 동쪽에 장사지냈다. 그 마을 사람들 중에 이현의 서쪽에서 오던 사람이 있었는데, 도중에 혜숙을 만나 어디 가느냐고 물었다. 혜숙이 말했다.

"이 곳에서 오랫동안 살았으므로 다른 지방으로 유람하고자 할 따름이오."

서로 인사하고 헤어졌다.

혜숙은 반 리쯤 가다가 구름을 타고 가 버렸다. 그 사람이 이현 동쪽에 이르러 혜숙을 장사 지낸 사람들이 아직 흩어지지 않은 것을 보고 혜숙을 만난 일을 자세히 말하였다. 이에 무덤을 파서 보니 다만 짚신 한 짝이 있을 뿐이었다. 지금 안강현의 북쪽에 절이 있는데, 이름이 혜숙사이다. 곧 그가 살던 곳이라 하며 부도(浮圖)도 있다.

이 세상은 진짜 가짜를 논할 수 없다. 그러나 이상한 짓을 하는 것은 진짜라 할 수 없다. 진짜는 변치 않는 것이기 때문이다. 단지 이상한 짓이 나타나는 것은 어리석은 중생(바보·천치)를 깨우쳐주기 위한 방편이다.

고려의 스님들께 수기한 중국스님

고려 충렬왕 30년 갑진년(1304)에 강남의 승려 소경(紹瓊)이 오니, 왕이 수녕궁에서 맞이해 선(禪)에 관한 설법을 들었다.

그런데 그 때 중관대사(서산의 문인 ; 海眼)가 소경스님이 수녕궁에서 선을 설법하시고 파한 뒤에 수기하였으니, 해동의 승려가 시작되는 조짐이었다. 어로장실(魚魯丈室)·시해교장(豕亥敎長)·투쟁포(鬪諍鋪)·효경당(梟獍黨)·팔인계(八人契) 등의 품평(品評)이 모두 수기하신 것이다"라고 말하였다.

또 해동의 명장 홍양초가 지은 한희유전(韓希愈傳)에 보면, "왕이 승려 소경을 궁중에 불러 불화에 점안하게 하고 화엄경을 읽게 하였다. 왕과 숙창원비는 보살계를 받았다. 희유(希愈)와 승지(承旨) 최숭(崔崇)은 '비기(秘記)에 나라의 임금이 남쪽의 승려를 받들면 반드시 멸망에 이른다는 말이 있으니, 전하께서는 삼가하십시오' 하고 말하였으나 듣지 않았다."

소경이 와서 선을 설하고 남기(濫記)를 주었다. 계를 받고서 비참(秘讖)으로 응대함은 또한 매우 불명예스러운 일이다. 살펴보니 소경이 여기서 3년을 거주하다가 중국으로 돌아갔다. 그가 전법한 승려로는 원명국사(圓明國師) 충감(沖鑑)이 있다. 사문 굉연(宏演)이 지은 비문에 다음과 같이 말하였다.

"스님은 옷을 털고 일어나 사방을 돌아다니다가 철산(鐵山) 소경선사의 도행이 매우 높다는 것을 듣고, 그를 맞이하여 고려로 돌아와 3년을 모셨다. 경공(瓊公)은 그에게 큰 기대를 걸었다. 경공이 돌아갈 때에 스님은 용천사에 있었다. 명(銘)한다.

경공이 석장을 날려 이 도읍에 오시니
원명국사가 기거하며 스님을 모시었네.
조계정종(曹溪正宗)이 모름지기 힘을 다해 도우니
한마디 말이 오묘하게 계합하여 온갖 망념을 제거하였네.
유(有)와 비유(非有), 무(無)와 비무(非無)를 말씀하시니
생사가 일치되어 넘침이 없네."

여지승람에도 원명국사는 나중에 임천군 성주산 보광사에 거주하였고 그 무리에 소주(紹珠) 등이 있었다고 한다.
살펴보건대 소경선사는 임제종의 직계이고, 앙산 조흠(仰山祖欽)의 사자이고, 고봉 원묘의 사제이다. 종파는 이미 정통하고 문풍 또한 준엄하였다. 그 인연과 어구는 속지월록(續指月錄)에 보인다.

원주 자화(袁州慈化)는 철산 소경선사다. 18세에 출가하여 맨 먼저 설암 흠화상(雪巖欽和尙)에게 참구하였다. 하루는 방 가운데에서 나타(那吒)태자가 뼈를 발라서 아버지에게 보내고 살을 베어서 어머니에게 보낸 인연을 들어 살펴보았는데, 소경선사가 게송을 지었다.

한 줄기 풀 위에 경루(瓊樓)를 드러내니
식(識)이 고금에 깨드려 화두(話頭)를 이간질하네.
모인 구름과 산꼭대기의 달을 집어들어
사람 앞에 던지니 온갖 꽃이 되네.

조흠(祖欽)이 매우 흡족하게 여겼다. 동쪽의 암동(巖東)을 배알하니,

"마음은 부처가 아니고 지혜는 도가 아니니 상좌께서는 어떻게 이해하는가?"

하고 물었다. 이에 스님이 답하였다.

"장물(臟物)을 가지고서 굽었다고 말하는 꼴입니다."

"마음도 아니고 부처도 아니고 사물도 아닌 이것은 무엇인가?"

"눈썹 사이에서 솟아 나와 멀리 하늘로 날아가는 송골매입니다."

당에 올라,

"겨울 월초에 옷을 팔고 소를 사고, 겨울 월말에 소를 팔아 옷을 샀다. 주장자를 세우고 거기에 꼬리도 머리도 없애고 중도에 한결같이 쉬었다. 가는 것도 쉬엄쉬엄이요, 앉는 것도 쉬엄쉬엄하고, 머무는 것도 쉬엄쉬엄하며, 눕는 것도 쉬엄쉬엄하였다. 감긴 눈이 활연히 열림에 오색구름이 상서로움을 나타내고, 광풍(光風) 제월(霽月)이 두루 미치지 않는 곳이 없고, 매화의 봉우리가 터짐에 마른 나뭇가지는 옛 나루터요, 바람 앞에 때때로 다시 그윽한 향기가 풍긴다. 비록 그렇게 이러한 경지에 이르더라도 향상일로(向上一路)와 만리애주(萬里崖州)를 어찌 볼 수 있겠는가."

하였다.

주장자를 기대고 쉬신 후 입적하였다. 관음각(觀音閣) 뒤에 탑을 세웠다.

뇌물을 주고 받은 승직(僧職)

고려 충렬왕 7년 여름 4월 병인일 초하루, 국왕이 함포로 행차해 경진일에 함포에 이르렀다. 6월 계미일에 국왕은 경주에 들러 승직 임명을 비준하였다. 승려들이 왕의 측근에게 비단을 뇌물로 주어 승직을 얻었으므로 사람들이 '나선사(羅禪師)' 또는 '능수좌(綾首座)'라고 불렀다. 이들 중에는 처를 얻고 가정생활을 하는 자가 절반이나 되었다.

<고려사>

옛날 서한(西漢) 말기에 유갱시(劉更始)라는 사람이 있었다. 그는 성격이 나약하여 관직을 함부로 주었다. 장안에서 말하였다.

"부엌 아래서 중랑장을 길렀더니 부패한 양의 위장을 도위에 태우고 썩은 양의 머리를 내후에 묶어 놓았다."

고려의 나선사와 능수좌 또한 여기에 비견할 만하니, 가히 천하에 상대가 되지 못함이 없었다.

고려의 승직을 임명하는 법을 살펴보면, 간관이 고신(告身)에 서명하는 것을 거치지 않았다. 즉 서명하지 않아도 시행한 예가 있으니 곧 다음과 같다.

충숙왕 원년 갑인년 조계종 승려 경린(景麟)·경총(景聰)은 모두 상왕(충혜왕)에게 총애를 입어 궁궐 출입을 하고 대선사를 받았다. 그러나 간관은 고신에 서명하지 않았다. 상왕은 노하여 우헌납 이 조은(李朝隱), 우사보 우이(禹僩), 좌사보 윤기(尹頎)를 불러서 오히려 간관이 고신에 서명하지 않음을 꾸짖었다. 또한 조은 등을 불러 별전 남문에 출어하여 그 연유를 차례로 묻고 곤장을 치고자 하였다. 이정(僩廷)이 강개(慷慨)하여 변론하자, 왕이 깨닫고 노여움을 풀었다. 그러나 조은에게 주지승을 임명하게 하고, 조홀도(祖忽島)로 유배했다가 소환해 삭직(削職)하고 우이와 윤기 등을 좌천시켰다.

또 사사(寺社)의 주지를 심사하도록 임명하는 특별한 예가 있었다. 공민왕 5년 병진년 여름 4월 계유일에 보우를 왕사로 봉하였다. 왕은 보우를 연경궁에 맞아들여 스승과 제자 간의 예를 행하였다. 그 때 승려로서 절의 주지 자리를 구하는 자들은 다 보우에게 붙어서 청탁하였다. 왕이 말했다.
"지금부터는 선교종문의 절 주지는 스님이 심사하여 배치하라! 나는 다만 임명서만 내리겠다."
이리하여 승려들이 앞을 다투어 그의 제자가 되었는데 그 수를 헤아릴 수가 없었다.
왕사와 국사를 받들어 봉함에 이르러서는 예가 아주 정중하였다. 먼저 중신을 파견하여 세번 청하고 사양하지 않은 연후에 국왕이 반드시 친히 나아가 절하고 스승으로 삼았다. 지금 다섯 분의 예를 들겠다.

첫째, 탄문(坦文)왕사는 고려 광종 19년 겨울 10월 국왕은 대사께서 석문(釋門)의 종주이시며 험한 길을 인도하는 스승이시니, 승려와 속인의 중사(重使)를 파견하여 받들어 왕사로 삼기로 하였다. 대사께서 사양하여 말했다.
"마음 구슬이 영롱함이 없고 달 거울은 매달림이 없습니다. 왕사됨은 외람되오니 소승이 어찌 감당하겠습니까?"

"높은 산을 우러러 봄을 어느 날인들 잊으리오. 장차 큰 법의 근원을 듣고 참으로 공동(崆峒)의 청을 간절히 합니다."
"소승은 오직 부처님께 귀의하는데 마음이 있지 구차하게 힘을 임금에게 이르는데 두지 않습니다. 바라건대 그냥 지나쳐 주십시오."
끝내 굳게 사양하였다.

이에 태상 김준암(金遵巖) 등을 사신으로 보내 휘호를 받들어 왕사로 삼고 널리 삼중대사를 인도하게 하였다. 다음날 왕은 몸소 내도량에 나아가 예배하고 스승으로 삼았다.

둘째, 원공(圓空)국사 지종(智宗)은 개보 2년(고려 광종 969) 봄 조칙에서 이르기를, "짐이 위로 높은 황제로부터 아래로 주발(周發)에 미치도록 모두 스승의 보호를 바탕으로 국가와 백성을 복되게 했도다. 그런 까닭에 덕을 숭상하고 어짐을 본받으며 또한 감히 하나를 의지하여 둘은 거만하지 않았도다. 지금 대선사를 보니 지식은 테두리를 초월하였고 마음은 고리를 벗어났으니, 존경의 밭에 감로를 뿌려 참으로 보배의 빛을 융화하도다. 총지와 지극한 이치로 중생의 미혹함을 열어 깨우치니, 짐이 어찌 스승이라 부르지 않으리오. 군신은 다른 말을 하지 말라. 여러 사람들이 무어라 할 수 있겠는가."

이에 아상 유방(庚方)과 밀사 장연우(張延祐), 집헌 이방(李昉) 등을 파견하였다. 계속해서 국왕의 명을 받들어 현궐(玄闕)을 두드리기를 거듭하여 세번 펴고 세번 되돌아오는 예를 갖추니 겨우 치장(締張)을 여시었다. 국사는 몇 개월이나 사양하며 비록 확고하였으나 천심이 옮기지 않으시니 어찌 두가 무명(武名)으로 숨어 있을 수 있겠는가. 그치고 합하여 나아갈 때가 존귀하니 옛날 습속을 따라 그에 응함이다. 그러한 연후에 국왕이 친히 나아가 절을 올리고 왕사로 삼았다.

셋째, 대감(大鑑)국사 탄연(坦然)은 일찍이 자신이 지은 사위의송(四威儀頌)과 상당 어구를 베껴서 상선(商船)에 붙이고 대송 육왕산 개심(開心)선사에게 의지하여 인가를 받았다. 개심선사는 이에 다시 써서 극히 찬미하였다. 또한 도경(道卿)·응수(膺壽)·행밀(行密)·계환(戒環)·자앙(慈仰) 등이 있었는데, 당시 대선백이었다. 이들과 편지를 주고 받으며 도우(道友)로 삼았다.

인종 24년 을축년 국왕은 스승의 도덕을 숭상하여 4월7일에 우부승선 이보여(李輔予) 편으로 조칙을 보내 스승으로 모실 뜻을 전하였다. 그러나 국사는 따르지 않았다. 또 지주사(知奏事) 김영관(金英寬) 편으로 계속 궁왕의 뜻을 전하였으나 국사는 다시 견고하게 사양하였다. 다시 세번째 청에 이르러서도 그러하였다. 궁왕이 또한 삼가 청하니 그만두지 못하였다. 5월6일에 비로소 청을 허락하고 왕사로 봉하는 글을 받아들이니 이날 왕사로 봉해졌다. 그 때 날이 심하게 가물었는데 하늘에서 큰 비가 내렸다. 국왕은 스님의 덕을 숭상해 국사로 봉했기 때문이라고 하면서 그에 대한 믿음과 흠향함을 더욱 더하였다. 날이 개자 금명전(金明殿)에 나아가 북쪽을 향하여 옷깃을 여미며 예를 행하였다. 적황의 비단에 수놓은 가사를 지어 국사에게 올렸다.

넷째, 보각국존(普覺國尊)은 충렬왕 9년 봄 국왕이 군신들에게 일렀다.
"나의 선왕께서 모두 석문의 덕이 큰 이를 얻어 왕사로 삼으셨으며, 또한 덕이 큰 이를 국사로 삼으셨다. 덕이 아니라도 어찌 허락하지 않을 수 있겠는가. 지금 운문화상 견명(見明 ; 호는 一然)은 도가 높고 덕이 성하여 사람들이 모두 우러러 받드는데, 어찌 과인에게만 베풀어 홀로 자애로운 은혜를 입겠는가. 마땅히 한 나라와 더불어 함께 할 것이니라.”

이에 우승지 염승익(廉承益)을 보내 윤지(綸旨)를 받들어 합국존사(闔國尊師)의 예를 행하여 청하였다. 그러나 스님은 국왕에게 견고하게 사양하는 뜻을 표하였다. 국왕은 다시 사신을 파견하여 간절하게 청하기를 세번이나 하였다. 이에 상장군 나유(羅裕) 등에게 명하여 국존으로 책봉하니 호를 원경충조(圓徑沖照)라고 하였다. 책봉을 마치자 4월 신묘일에 대궐 안으로 영입하여 몸소 백관을 거느리고 옷깃을 여미며 예를 행하였다. 국사를 국존(國尊)으로 고침은 대조(大朝 ; 원나라)의 국사와 호를 피하기 위해서이다.

다섯째, 태고국사는 원민왕에 이르러 보우를 왕사로 봉하고 원융부(圓融府)를 세워 요속(寮屬)을 배치하니 장관 정삼품이다. 그 위의가 천자에 견줄 만하였으니 이 또한 존경하고 숭앙함이 지극한 것이다.

대저 도와 덕이 높으면 직위는 스스로 이른다. 위의 다섯 사람은 모두 법을 깨우친 분이어서 예우가 융성했다. 이는 이른바 응당히 공양 받을 만한 이(應供)요, 천상과 인간의 스승이다. 지금 나선사와 능수좌가 논가 밭, 노비와 처를 거느리며 살려고 하고 뇌물을 바침은 비판을 받고 있다. 그 행동의 비루함이 얼마이겠는가. 이들 승려의 무리는 불씨(佛氏)의 무리가 아니라 죄인이며, 우러러 또한 민천(民天 ; 일반 백성)의 해충이다.

고려 이상국집을 살펴보니 선사·수좌·승통을 수여하고 왕사로 책봉함에 국사의, 교서(敎書)와 관고(官誥) 등의 글이 있었다. 아래에 이를 기록하니 함께 참고할 것이다.

선사 익장(益莊)·원이(元伊)·담령(淡靈)·대헐(大歇)을 각각 선사로 임명하는 관고(官誥)를 내렸다.

지극한 도리는 표적의 밖에 있으며 진인은 총애와 욕됨에 놀라지 않는다. 비유하자면 순백이 참됨을 지킴과 같아서 화려한 옷에 수 놓은 문양의 울긋불긋한 색깔을 바라지 않는다. 거대한 소리는 본 래 적막함에서 옴과 같아서 생황(笙簧)의 높고 낮은 소리를 바라지 않는다. 그러나 이미 스스로 낮추는 자는 사람들이 반드시 칭찬하는 바이니, 하물며 진실로 확고하고 충분하다면 그 이름을 소개함이 옳도다. 충허(沖虛)의 오묘함이 있지 않다면 어찌 그 칭호를 드러내겠는가?

아무 직함의 아무개는 깊은 산 높은 산정에 깊숙한 절간을 지어놓고 일찍부터 진세의 복잡한 구속에서 벗어나 바위굴 속에 깊숙이 숨어 심지(心地)를 넓혔으니 범상한 관(觀)과는 같지 않도다. 그러므로 무릇 모든 불교의 진리는 근원을 탐구하지 않음이 없으나, 자성을 보고 반드시 거꾸로 매달린 듯한 고통으로부터 벗어남을 말미암기 때문에 오직 선법(禪法)에 더욱 계합하는 것 같으며, 신령한 빛을 본분에 돌려 각조(覺照)의 상존(常存)을 얻도다. 이와 같은 것은 승보의 기이함이니, 마땅히 천하와 함께 만리 밖 멀리까지 넓혀 나가야 할 것이거늘, 비록 속세의 천라지망(天羅之網)에서 괴로움을 피하였다 하더라도 용이 드넓은 못속에 잠겨 구름과 비를 아끼지 않는 듯하도다. 다만 스스로 계책을 세운다면 오히려 가할 것이니, 장차 중생들을 윤택하게 함이 어떠하겠는가? 그렇기 때문에 내 일찍이 그를 타일러 여기에 오도록 하였거니와, 그 역시 중정(衆情)의 아픈 마음을 따르게 하였는데, 과연 중생들의 바람에 부합하여 능히 종승(宗乘)을 어깨에 매도다. 불일(佛日)은 더욱 빛나게 되고 조사의 등불은 다시 빛나게 되니, 이것이 이른바 육신보살(肉身菩薩)인저!

마땅히 불문의 품급을 높이고 청정한 덕의 존엄을 늘리고자 하여
선사를 특별히 제수하느니라.

아! 나랏님이 덕망 높은 인재를 예법으로 맞아들일 적에는 좋은
날 좋은 때를 가리게 되는 것이오, 법왕께서 당세에 나타날 적에
는 반드시 바른 안목을 밝히고자 함이라.

〈이상국집〉

대선사 진각국사 윤음(綸音)

국왕이 이에 말씀하셨다.

한나라 명제 때부터 그 이하 진(秦 ; 弘始)에 비로소 부처님을 숭상하여 스승의 예로써 대우하였다. 수(隋)의 황제 중령(重靈)은 선공(禪空)을 정하였으며, 소주(김主)는 도량에 오직 존경하는 승려를 기록함이 고금의 동일한 궤범이다. 진실로 인륜을 초월한 개사(開士)는 율에 나아가 반드시 다른 은혜와 예가 있어 계덕(戒德)이 얼음같이 맑고 깨끗하며, 금영(襟靈)이 옥과 같이 맑도다.

일찍이 번뇌의 속박에서 벗어나 높은 깨달음의 세계에서 노닐며, 꽃을 집어 들어 법안장(法眼藏)을 전하고, 눈 위에 서서 자심 등불을 전함에 한가하지 않도다. 명경의 빛을 닦아 티끌이 침범할 수 없게 하고, 지수(地水)의 고요함을 관하여 파랑에 움직임이 없으니, 오로지 조사의 도장을 제시하여 묘문을 열어 보이셨도다. 법은 깊어 치자나무 숲과 같고, 행은 적합하여 비구의 모범이도다. 담박함은 마치 쏟아지는 물과 같이 한없이 넓고 충만하다고 부를 뿐이도다. 간격을 기다려 종을 치니 정연한 모양이 사람들을 유혹하는도다.

참으로 삼겁의 큰 원이라 말하니, 어찌 오직 일세의 모범이라 하리오. 비록 참된 사람은 이름이 없으나, 멀리 자식과 손자의 향화와 유명이 있어 반드시 존숭함을 받을 것이다. 특별히 승려들의 큰 법도를 더하여 대선사를 수여할 것이다. 오호라! 진리를 숭상하는 까닭은 나라를 위함이요, 상(賞)을 보이는 까닭은 선을 끌어들임이라. 그 행을 존경하고 도를 사모하여 짐이 예를 다함이라.

스님에게 명하노니, 법을 넓히고 사람들을 이롭게 하며 이에 있는 힘을 다해 짐을 보호할 것이다. 주어진 직에 나아가(往詣) 법주자로 늘 성실히 하라. 시행하라.
정우(貞祐) 4년 정월 일

금자광록대부 문하시랑 동중서문하평장사 수문전대학사 감수국사 판병부사 최윤(崔胤)
조산대부 상서병부시랑 충사관 수찬관 지제고 이득근(李得根)
문하시랑평장사 급사중 현군 등이 말했다.

제서(制書)는 위와 같다. 받들어 청하라.
제부(制附) 외에서 시행할 것을 삼가 말하노라.
정우(貞祐) 4년 정월 일
제가(制可)
예부상서(禮部尙書)
병부시랑(兵部侍郎)
상서좌승(尙書左承)
제서는 위와 같다. 부(符)가 도착하면 받들어 행하라.

예부시랑(禮部侍郎) 중(中)
주사(主事) 박(朴)
영사(令史) 한(韓)
서령사(書令史) 황(黃)
을해 9월13일 하한(下澣)

또 수좌 율업(律業)스님을 수좌도행(首座都行)으로 삼는데 대한 관고를 보면 다음과 같다.

유교를 예로써 인륜을 신칙(申飭)하도록 되어 있나니, 마치 비단 필에 폭을 맞추듯 함이다. 불교는 율로써 불가를 유지하도록 되어 있나니, 마치 물에 제방이 막힌 듯 함이라. 비니를 궁구하여 얻고 지켜 간다면, 이런 사람이야말로 고명한 비구라 말할 수 있을 것이다.

그러한 사람들에게는 마땅히 법호를 주어 사랑이 사람들에게 미치게 함이 마땅하리라. 아무 직함의 아무개는 계행이 원숙하고 근기가 매우 날카로왔으니, 동림(東林)의 유적을 몹시 사모하고 남악의 고풍을 아득히 추모하였다. 말하자면 설령 삼의(三衣)를 입고 승려들과 나란히 하지만 4분 율장을 빌리지 않을 것 같으면 어찌 성문(聖門)의 세계를 밟을 수 있겠는가. 드디어 경과 논을 궁구하여 미묘한 경지에 깊이 들어갔으며 불타의 교훈을 관통하여 그 학식을 넓혀왔도다.

불단에 올라 뭇 중생들을 해탈케 하여 그 은혜를 준 사람이 그 얼마며 법을 전하여 중생들을 이롭게 하여 감로로 적신 지가 몇 세기가 되니 널리 이익됨이 많도다.

칭찬하고 우대함이 뜻에 맞지 않아 자신을 겸손히 하고 낮추어 왔느니라. 비록 남보다 높은 위치에 처하고자 하지 않지만 스님의 덕망이 어찌 그 자리에 합당하지 않으리오. 이는 모든 사람들의 말을 따른 것이니 특별히 높은 품계를 제수하노라.

아! 그 오부(五部)의 글은 곧 알기는 쉽지만 그 한 자의 뜻을 행

하기란 매우 어려우니 게으름없이 도를 닦아 영원히 불도에 빛이
되소서.

〈이상국집〉

또 승통 화엄종의 스님을 승통도행(僧統都行)으로 삼는데 대한 교
서를 보면 다음과 같다.

대저 국가가 불가의 품계를 설정하게 된 까닭은 그 뜻이 다른데
있지 않다. 만약 승려들 가운데 뛰어난 사람이 솟아나 그 덕과 명
망이 모두 크게 두드러지는데, 그들 모두를 사람들이 함부로 대하
게 할 수 없고, 아무렇게나 부르게 할 수 없어서 따로 구별함에
있다. 그런 즉 그들 모두가 보통사람과 무슨 구별이 있어야 하지
않겠는가? 이런 까닭에 그 덕망이 높은 자리에 있을 만한 사람들
에 대해서는 수좌라 부르고, 덕이나 명망이 승려들 가운데 두드러
지는 경우에는 승통으로 부르게 됨이라.

이것은 아주 지극하게 가려보아야 한다. 비록 불도를 존숭함에 근
본을 두고 일컫는 바이지만, 일직이 명리(名利)에 관계되지 않았
다. 그러나 그러한 직함들에도 높고 낮은 등차는 있어야 하므로
그것이 세상에 만연된다면 점점 조정의 벼슬의 전례와 같아질 수
있을 것인즉 그러한 사람들을 엄격히 가려내지 않을 수 없다. 그
런 연후에 그 직함을 제수하니라. 스님은 법왕으로써 원교(圓敎)
를 널리 퍼뜨려 중생들이 귀의하는 바가 된지 오래이니 짐이 그
러한 사람을 가리는 것에 인색하여 국가와 가정을 복되고 이롭게
하는 효험을 저버리겠는가.

대관고(大官誥)
도는 그윽한 통발 속에 숨겨져 있어 오직 석덕(碩德)만이 비로소

정법을 전하니, 그 이름을 거듭 가리게 됨이라. 비록 불교는 오히려 아름답게 칭함에 있지 않고, 중생들이 존숭하는 바 받들어 모심이다. 예의로 마땅히 구별해야 하니, 어찌 품계가 높음을 숭상하여 영광을 표하겠는가?

아무 관직의 아무개는 혜해(慧解)가 소통하고 심기(心機)가 침착하며 깊어서 다함없는 법장을 지니고 있다. 비록 만법의 근원을 갖추고 있으나 최상의 근기로써 유독 십현(十玄)의 맛에 계합하여 대승을 짊어지고 스스로 도주(陶鑄)를 맡으니, 따라 배우는 사람들이 대단히 많도다. 그는 언제나 불교를 논의하는 석상에서 주인의 지위를 차지하고 있었다. 참으로 불교의 사명을 맡은 주인이라 할 수 있으리라.
그래서 나라에서는 그를 추대하여 대화상으로 받들고 그 몸에 칙사의 대우가 미치게 하였으나, 그는 늘 가난한 중과 같이 명찰(名藍)을 떠돌아다녔고 그가 사는 방은 텅빈 창고 같았느니라.

자기에게 차려진 명성은 뜬 구름같이 생각하였고, 임금의 총애는 제 스스로 생각지 않았다. 비록 그러하나 저 옛날 양나라와 당나라 때에는 국사와 대사라는 법호가 있었고, 제나라와 송나라에는 법주와 승주라는 칭호가 있었다. 모두 예의를 표하여 부른 칭호였으며, 지위는 마땅히 불교의 영수에 두려 함이었느니라.

이제 그러한 공론을 좇아 자리를 높이 올리도다. 아! 주옥과 전패(錢貝)는 쉽게 없어지니 승보로 만족함과 같지 않고, 성을 두른 도랑과 못은 쉽게 위험해지니 법력으로 만족함과 같지 않도다. 이에 본체에 은총을 베푸노니 부지런히 힘쓸지어다.

〈이상국집〉

또 옛 보경사의 주지승인 대선사에게 원진국사(圓眞國師)라는 시호를 주는데 대한 교서와 관고를 보면 다음과 같다.

(1) 교서

대저 지인(至人)의 경지는 살아 있다고 즐거워하지 않으며 죽었다고 슬퍼하지 않는다. 칭찬한다고 영예롭게 여기지 않으며 폄하한다고 욕되게 여기지 않느니라. 도의 본체는 잠적하여 억지로 이름하여 이를 바가 아니다.

그러나 옛적에 부처님께서 세상에 나와 세간에서 존승 받았기 때문에 세존이라 불렀고, 천인(天人)의 스승이 되었기 때문에 천인사라 불렀다. 덕이 융성하고 쇠퇴함으로써 그 칭호를 이와 같이 부르게 된 것이 아니라 대개 이름이 실지로 드러남을 따라 자연스럽게 나타났기 때문이다. 스님은 높이 도가 온전하고 덕을 갖추어 당세에 모범이 되므로 국사라는 이름으로 추존하는 바이다. 대저 왕사란 특별히 한 왕의 수범이 되고, 국사란 한 나라의 바탕이 된다. 참으로 이미 충분히 적중하여 이름이 가히 밖으로 나아가니, 마땅히 그 이름을 드날려 영원히 시방에 빛나게 하라.

(2) 관고

제자인 짐이 보건대 불도의 옷을 입고 불도의 문을 드나들면서 입으로는 불조의 근본을 외워 사람들에게 듣기를 청하게 하고, 가슴속에는 인간과 천상을 모두 합쳐 무궁한 세상을 넓히는 선사님께서야말로 승려들 중에서도 으뜸가는 분이라.

그러나 그런 듯하면서도 아니고, 진(眞)을 버리고 망(妄)에 즉하며 부처를 찾아 헤맸고, 말을 타고서도 말을 찾아 헤맨 듯하였으니,

그것은 무엇 때문이겠는가. 대개 마음이란 본래 깨끗하나 거기에 더러운 먼지를 뒤집어쓰면 그것을 밝혀내기가 더더욱 어렵고 깨달아 씻어내기가 쉽지 않기 때문이라. 밝게 할 수 있음에도 자기 혼자 멀리 비쳐서는 밝게 하지 못하나니, 그 이치를 곧바로 깨달은 이를 당세에서 구한다면 오직 우리 선사 공 한 사람밖에 없도다. 어찌 그의 이름을 널리 소개하여 민심의 여론에 맡겨두지 아니하랴.

보경사의 주지승인 대선사 승형(承逈)은 혜해(慧解)가 밝고 법기가 넓어 일찍이 종승을 일삼아 홀연히 뽑힌 자리를 드날렸고, 높은 생각을 품어 명예의 고삐를 잡아챘으니, 산으로 들어감에 깊지 않을까 염려하였고 세간을 피함에 남의 뒤가 아닐까 탄식하였다. 옷자락을 떨치고 항상 오가며 바위를 베고 스스로 제 몸을 망쳐 왔나니, 몸에 뼈만 남았어도 끝까지 바위 위에 오똑하게 앉아 있었고, 이름에는 날개가 없어도 언제든지 인간 세상에는 그의 이름이 훨훨 날아다녔다.

그는 언제나 선대의 위업을 초월하였고 여러 차례 짐의 부름을 받고서도 직분을 마다하고 물러나 숨어 살았다. 그런 까닭에 그가 비록 마음을 돌리고자 하지는 않았지만, 뜻은 저 홀로 선하고자 함이 아니었다. 그러므로 또한 너무 강직하여 머리를 숙이는 일을 어려워하였으며, 잿더미 속에 묵힌 불이며 황색 빛 등촉이었다. 애초에 은구(銀鉤)를 받아들이지 않았으나 잔은 넓은 바다의 흐름을 타고 홀연히 금앙(金錫)에 돌아왔다.

법왕이 바야흐로 이르자 승보는 더욱 존경하였다. 국왕과 대신들은 모두 무릎을 꿇고 그의 선풍을 따랐으며, 선비와 여인네들은 머리를 풀고 자리를 깔았다. 그는 혹 궁전의 법연(法筵)에 나아갔으며, 혹은 후문(喉門)에서 단시를 받으니 그를 승직으로써 잡아

둘 수는 없으나 힘써 사양하지 않았으며, 명찰에 처하지만 확고하게 거절하지 않았다. 한번은 이쪽에 한번은 저쪽에 알맞게 가고 오니, 이러한 달통한 사람은 마땅히 만물의 대권에 응하니 어찌 속된 선비나 중들의 조그마한 행동에 장애가 되겠는가?

그가 거처하는 곳이면 언제나 사람의 물결로 저자를 이루었고, 그가 무엇을 요청하기만 하면 사람의 숲으로 뒤덮었으니, 알을 품고 날개를 치는 날짐승마저도 모두가 불도의 세계에 가기를 원하였고, 젖을 먹고 모이를 쫓는 길짐승마저도 그 도리에 잠기기를 마다하지 않았도다.

사람마다 그를 보기만 하면 상서로운 별이 나타나지 않았어도 좋은 징조라 하였다. 그래서 짐은 장성(長城)의 보호에 의지하지 않고 그에게 의지하여 방어하였으니, 이웃의 적들이 다시는 엿보지 않았다. 나라의 걸음걸음이 태평하게 된 지가 그 얼마인가. 아직도 반드시 그의 법력에 연유하지 않음이 없다. 그가 혹 입을 열면 병든 소도 일어나 뛰어다니고, 법을 설하면 가물던 하늘에서 단비가 내리었나니 이것은 짐의 귀로 익히 들은 바요, 사람들의 입에 자주 오른 말이었다.

근래에 와서 온 세상을 유람하겠다고 하면서 행장을 감춰 남족 나라로 떠나더니 짐이 일찍이 왕좌에 오르지 못하였다. 그 때에도 오기만을 기대했었는데, 스님은 법상에 올라 입멸하시니 바위가 갈라지고 초목이 마르도다.

아! 법의 기둥이 꺾였으니 우리 선림은 어느 곳을 우러러보겠는가. 찾아올 적에는 구름같이 찾아와서 온 천하를 윤택하게 하더니 갈 적에는 문득 달과 같이 기울어서 인간 세상에 빛을 가리웠도다.

짐이 일찍부터 그를 만나 오랫동안 부지런히 우러러보았으니, 무엇으로 청정한 덕에 보답하리오. 다만 아름다운 칭호를 추증할 뿐이니 이것이 어찌 짐의 사사로운 은혜리오. 참으로 오직 공적인 의견으로 된 것이니, 이에 특별히 제수하나라. 아! 공께서 법안장(法眼藏)을 얻어 불심의 등불을 전하니, 결단코 만덕의 몸을 이루었고 하나의 참된 경지를 밟았도다. 다른 중생들에게로 옮겨가길 원하니 영원히 왕조의 기업(基業)을 도우소서.

〈이상국집〉

또 왕사봉책수제(王師封冊修製)를 보면 다음과 같다.

· 왕사로 책봉한데 대하여 사양하여 올린 첫번째 표문

사문 아무개가 말씀드립니다. 엎드려 삼가 성군(聖君)의 자애로움을 입습니다. 이달 11일에 저를 왕사로 책봉하려고 특별히 파견하여 보내신 아무개 관리와 국서 한 통을 삼가 받았습니다. 편벽하고 초라한 선림에서 문득 사신을 맞이하는 영광을 지니게 되었습니다. 임금님의 가르치심은 정녕 왕사를 책봉하는 예식을 치르라는 것이지만, 돌이켜보면 너무나도 분에 넘치는 일인데 어찌 염치 불구하고 받지 않겠습니까? 그래서 간절히 사양하오니 승인하여 주시기 바랍니다.

엎드려 생각하건대 신은 성령이 극히 천박하고 계행도 부족하여 일찍이 불도 닦는 길에 들어섰으나 조사들이 전수하는 진수를 터득하지 못하였습니다. 이름 있는 사찰의 주지를 역임해 왔으나 공연히 나라의 오곡만 허비하고 있을 뿐입니다. 매양 임금님의 사랑과 은혜에 따라 승려들 속에서 가장 높은 자리에 올라 혜택만 받을 뿐 티끌만한 보답도 하지 못하고 있습니다. 생각은 산림에 걸어두고 항상 옷을 떨칠 뜻을 품고 있으며, 은혜로운 수레가 탐나도 석장(錫杖)을 날리며 유행할 것만 생각하고 있습니다. 그러니 어찌 임금님께 정성을 다한다고 하겠습니까. 옛 규례를 지켜 쇠잔한 이 몸을 과분하게 내세워 주며 체모를 높이 주시려 하나 스스로 돌아보니 잔약한 체질에다 복이란 것도 눈에 차지 않는데 어떻게 중책을 감당하겠습니까. 화가 생길까 두려우며 이로 하여금 근심만 더해지니 어찌할 바를 모르겠습니다. 더구나 늙으면서 질병도 더욱 더 심하고 그 때문에 날이 갈수록 몸이 더욱 허약해짐을 어찌하겠습니까. 비록 힘써서 임금의 뜻을 따르려고 해 보았지만 참으로 견디기 어려운 일입니다.

바라건대 성상 폐하께서 하늘땅과 같이 넓은 도량으로 해와 달 같은 광명으로 꾸밈이 없는 신의 말을 헤아려 주시고 진정으로 우러나온 신의 간청을 양해해 주시며, 이미 내린 영을 거두어들이시고 다시 다른 유능한 이를 택하여 주시기 바랍니다. 세상에는 사람이 부족하지 않나니 틀림없이 하늘과 같이 덕이 있는 사람이 있을 것입니다. 그러면 신은 자기 기본분을 지킬 수 있어 자질도 없으면서 자리만 차지하고 있다는 비방을 면할 수 있을 것입니다. 임금님께 고하여 명을 기다리며 전전긍긍함을 금하지 못하면서 사신이 돌아가는 이 기회에 사양하는 표문을 함께 올리는 바입니다. 신 아무개가 삼가 올립니다.

· 세번째로 사양하는 표문

삼가 글을 올리고 이미 내린 칙명이 취소되기를 기다리던 중에 계속 간곡하게 타이르는 조서가 내리니 어찌할 줄 모르며 매우 두려워할 뿐입니다.
엎드려 생각하건대 신은 일찍이 속세의 번뇌를 버리고 조사의 선법을 물려받고자 그 길을 더듬고 있으나 공부가 그 궁극의 이치에 이르지 못하고 아둔하여 사물의 본성을 알지 못하고 있습니다. 물론 물에 있거나 바다에 잠김도 달게 여기나 승려로서 가장 높은 직위에 오름은 어림도 없는 일입니다. 우연히 두터운 행운을 만나 누누이 왕사라는 큰 이름을 어지럽혔을 뿐입니다.

병든 나무는 봄을 만나 하늘의 혜택을 입으나 한가로운 구름은 멧부리에 나타나 적은 비를 내리는데 그칩니다. 그런즉 자취를 감추고 물러나 은거함이 마땅한데 염치없이 자리를 차지하고 감히 각별한 사랑을 기대하겠습니까. 그런데도 상례를 떠나서 자주 간곡한 조칙을 보내고 연석도 베풀려 하니 스스로 생각하건대 그런 재목이 못되니 부끄럽기 짝이 없습니다.

옛날 한 나라의 임금이 환영(桓榮)에게 지팡이를 하사하고, 연나라의 왕이 옷자락으로 길을 쓸어 추연(鄒衍)을 우대하였습니다. 이것은 곧 선비들을 중히 여기고 신분 낮은 사람들과 사귄 것입니다. 그래서 몸을 굽히고 자신의 존귀함을 잊으려 하였을 것입니다. 그렇지만 신의 경우는 어리석어서 갖춘 덕이라야 보잘 것 없습니다. 그러니 어찌 감히 보잘 것 없는 쇠잔한 몸으로 앉아서 임금의 예우를 받는단 말입니까.

마음이 불안하여 응당 몸도 은퇴하여야 하오나 임금의 땅에서 나라의 은혜를 입고 있는 터이라, 구차하게 고집하면서 임금의 뜻을 어긴다면 몸둘 땅이 없기에 부득불 엄명에 따랐지만, 늙어서 더는 왕사의 중임을 감당할 수 없음을 어찌하겠습니까. 애오라지 계행을 닦는데 힘쓰고 게으름없이 도를 닦아 나가며 자비로운 부처님들에 의거하여 우러르며 영원토록 임금님의 장수를 축원하고자 합니다.

· 다섯 번째로 송품(崇品)한데 대하여 사은하는 장계

궁전에서 칙명을 하사하니 영광은 사찰에 넘쳐납니다. 분에 넘치게 받으니 복이 복 같지 않고 보잘 것 없는 몸으로 책봉 받자니 더욱 부끄럽습니다.

엎드려 생각하건대 아무개는 천성이 어리석어 어려서 머리를 깎고 선문에 들어와 노닐었으나 아직 자유로운 경지에는 이르지 못하였고, 선석(選席)에서 생황을 본 것은 개개인을 시험할 때 겨우 면하려 피하고자 한 것입니다. 그러나 다행한 인연으로 누차 남다른 은혜를 받았으나 위로는 종승의 책임을 감당하지 못하고 아래로는 후학들을 깨우쳐 주지 못하였습니다. 행동으로는 아양(啞羊)의 부끄러움이 있고 지친 말처럼 쉴 것만을 생각하고 있는데, 어찌 임금의 정성을 헤아리겠습니까.

임금께서 다시 스승의 예의로 높이시고 특별히 높은 은전을 베푸시어 갑자기 아름다운 칭호를 더해 주었습니다. 또한 하사한 금전은 굉장하고 하늘향기 그윽합니다. 높이 내세워 준 뜻을 삼가 헤아리니 지성 다해 받들어야겠다는 생각만이 깊어집니다. 산처럼 무거운 은혜 일생을 갚아도 갚기 어렵습니다. 장수를 비는 간절한 마음 만년토록 금치 못할 것입니다.

· 선물을 받은데 대하여 감사를 드리는 장계

화려한 상공(上公)의 옷을 하사하는 예우를 더해 주었습니다. 샘처럼 끊임없는 혜택을 베풀어 주시고도 다시 부끄럽게 의례까지 융숭하게 펼쳐 주셨습니다. 앞에 든 물건들은 정교한 솜씨로 세상에 널리 이름이 난 것입니다. 보면 볼수록 놀라워서 제 눈을 의심할 정도입니다. 이 감격을 잊지 않고 마음속 깊이 새겨 두겠습니다.

〈이상국집〉

왕사가 책봉사신에게 올린 글을 보면 다음과 같다.

· 왕사가 책봉사신에게 드린 글

깊고 장엄한 대궐로부터 직접 봉인한 책봉 문함을 받게 되었습니다.
적막하던 계원(鷄園)에 찬란하고 화려한 영광이 몰려들게 되었습니다.
그 받은 기쁨과 영광을 일일이 다 말하기 어렵습니다.

· 책봉사신의 답장

삼가 국왕의 명령을 받들고 장차 찾아뵙고자 하였는데 아직 방장실의 참예(叅詣)가 이루어지기도 전에 먼저 수고로이 편지를 보내 문안하니, 감사한 마음 어찌 말로 다 표현할 수 있겠습니까.

· 책봉사신을 소연회에 초청하는 글

영광스럽게도 책봉문을 받들고 비좁은 곳에 임하여 머물게 되었습니다. 약소하지만 좌석을 마련하고 진귀한 음식을 대신하려고 하니 수고스러운 대로 참석하여 잠시 즐기도록 허락하여 주시기 바랍니다.

· 선물을 주는 글

귀한 사신 방금 도착하여 위엄 있는 자태를 볼 수 있게 되었으니 연회도 차리고 선물도 올려야 할 것입니다.
변변치 못한 물건이나마 올리니 받아주시기 바랍니다.
명세는 별지에 썼으나 물건이 누추하여 말할 나위가 못됩니다.

· 세번째로 책봉사신에게 올린 글

삼가 옥절(玉節)을 지니고 힘차게 말을 몰아 급히 달려오시니
길을 깨끗이 쓸어놓고 기쁜 마음으로 점점 가까이 오는 사신 일
행을 기다립니다.
간절히 기다리는 절절한 마음 이제 만나면 대강 말씀드리겠습니다.

· 책봉사신의 답장

대궐에서 명을 받아 잣나무 뜰 그늘에 좌선하는 곳으로 나아갑
니다. 계곡의 등나무 사이를 욕보이며 향하는데, 감동 받은 마
음 끝없으니 송영(誦詠)으로 어찌 다하겠습니까.

· 소연회에 초청하는 글

책봉문을 받들고 홀연히 왕림하시니 그 은전을 되돌아보게 합
니다.
삼가 변변치 못한 음식이나마 차려 놓고 피로를 풀고 즐기는 기
회로 삼으려고 하였으니 참석하시어 간절히 바라는 기대에 부합
되게 하여 주시기 바랍니다.

· 물건을 선물하는 글

더없이 성대한 행차 이르러 다행히도 준수하고 위엄 있는 거동
을 뵙게 되었습니다. 상자에 물품을 담아 간절한 성의를 다소나
마 표시합니다. 물건이 하찮아 부끄럽지만 깊은 정을 이해하여
주기 바랍니다.

· 다섯번째로 책봉사신이 먼저 왕사에게 올린 글

명을 받들어 대궐에 거처하면서 이제 봄빛과도 같이 따스한 조
서를 반포하게 됩니다.

바람이 선탑(禪榻)으로 향하니 달처럼 밝으신 모습 뵈리라 생각됩니다.
머리를 조아려 인사를 올릴 날도 멀지 않으니 반가운 환담 다하겠습니다.

· 부사가 다섯번째로 왕사에게 먼저 올린 글

오래전에 선운(禪韻)을 들었기에 더욱 발자(髮藉)한 마음 간절합니다. 외람되게도 임금의 지시를 받들어 장차 찾아뵙는 예절을 차려 하니, 힘써 말을 채찍하여 문하(門下)로 가겠습니다.

· 왕사가 책봉사신에게 준 답장

화려한 사신 일행 구천(九天) 길에서 오시어 먼저 십부(十部 ; 唐代의 열가지 음악)보다 나은 아름다운 글 보배로운 글씨 보내주시니, 재삼 완미함에 만 배나 됩니다.

· 왕사가 부사에게 준 답장

책봉문과 조서를 받들고 누추한 곳에 임하시니, 좋은 묵과 윤택한 글씨로 먼저 천금과 같은 서한을 보내시니, 그 위로함이 더없이 커서 그저 공경스러움과 영광이 절절할 뿐입니다.

· 책봉사신을 소연회에 초청하는 글

옥절(玉節)을 품고 수레를 타고 와서 특별히 따뜻한 조서를 반포하였습니다. 화려하지 못한 집에다 약소하나마 깨끗한 음식을 마련하였으니 수고를 아끼지 마시고 참석하여 성의에 부합되게 하여 주시기 바랍니다.

· 부사를 소연회에 초청하는 글

누추하고 비좁은 건물이지만 부사는 왕림해 주시기 바랍니다.
큰 뜻이 담긴 한 자의 술이 즐거움을 가져오는 실마리가 될 수
있으니 거절하지 말고 응해 준다면 그 기쁨 말로 다 표현하지
못할 것입니다.

· 사신에게 물건을 선물하는 글

다행히 깨끗한 차림(清栽)를 뵙고 훌륭한 사람을 만나뵙게 되었
습니다. 소박한 의식과 함께 부끄럽기 그지없으나 정으로 선물
을 올리니 거절하지 말고 너그러이 받아주시기 바랍니다.

· 부사에게 물건을 선물하는 글

궁벽하고 누추한 선거(禪居)에서 훌륭한 사신을 맞이하는 영광
을 지니었습니다. 연회가 소박하고 볼품이 없을 뿐 아니라 선물
은 변변치 못하여 부끄럽습니다. 너그럽게 이해하고 약소하다
책망하지 마시기 바랍니다.

양녕대군과 효령대군

조선 때 양녕대군의 이름은 제(褆)이고, 효령대군의 이름은 보(補)인데 모두 태종대왕의 아들이다. 서열로 보아 양녕이 첫째이고 효령이 둘째였다. 처음에 양녕이 세자로 있을 때, 태종이 세종(世宗 ; 忠寧)에게 마음이 있다는 사실을 알고는 미친 척하면서 방랑하였다. 효령은 양녕이 세자의 자리에서 물러날 것이라 보고는 스스로 힘써 근신하면서 꼿꼿이 앉아 책만 읽었다. 아마도 양녕이 폐위되면 다음으로 자신이 옹립되리라 생각했기 때문일 것이다. 양녕이 지나가다 발로 차면서,

"어리석구나! 너는 충녕에게 왕이 될 자질이 있다는 걸 모르느냐?"

하였다. 보(효령)가 이 말을 듣고 크게 깨우치고는 그 후 마침내 도망을 나와서 산사로 갔다. 그 곳에서 두 손으로 북을 두들겼는데, 날이 저물어 북 가죽이 다 헤어지도록 두들겼다.

양녕은 성품이 호탕하여 평생 동안 스스로 생계를 부유하게 꾸려나갔으며, 먹고 마시고 놀고 사냥하는 것 말고는 손을 대는 일이 없었다. 효령은 부처를 좋아했는데, 한 번은 불사를 하면서 양녕을 초청하였다. 양녕은 사냥꾼과 궁수들을 거느리고 어깨에는 매를 올려놓고 누런 개를 끌고 사냥도구를 싣고서 몰래 숨어 있다가 토끼나 여우를 덮쳐서 잡았다. 그리고 불사에 갔는데, 조금 있다가 사냥꾼이 짐승을 올리고 푸줏간에서 고기를 바치고 마부가 술을 올렸다. 보는 그 때 예불을 하고 고개를 들던 차였는데, 양

녕이 태연하게 고기를 구워 술을 마시고 있었다. 보가 정색을 하고 간청하였다.

"형님, 오늘만이라도 술과 고기를 드시지 마십시오. 형은 과거 세상에서 복을 많이 심었기 때문에 지금 부귀를 누리고 있습니다. 그런데 현재 세상에서 선행을 닦지 않는다면 미래 세상에서 받을 나쁜 과보를 어찌하시겠습니까."

양녕이 웃으면서 말하였다.

"내가 과거 세상에서 복을 심었는지는 알 수 없으나, 살아서 왕의 형이 되었으므로 부귀를 누리는 것이다. 지금 세상에서 선을 닦지 않는다 해도 죽어서는 또 부처의 형이 될 테니 내 낙보(樂報)가 어찌 소멸되지 않겠느냐?"

아랍인과 유태인

아브라함은 당시 티그리스 유프라테스강 하류, 에덴동산 근처 우르(오늘날 이라크)에서 살고 있었다. 야훼(하나님)의 명으로 고향을 떠나 여러 나라를 떠돌다가 마침내 이스라엘에 이르게 된다.

그러나 아내 사라가 아기를 갖지 못해 시녀 하갈과 잠자리에 들게 하여 이스마엘을 낳게 된다.
그런데 그후 나이 먹어 사라가 뜻밖에 이삭을 낳게 되므로 하갈과 이스마엘은 사막에 쫓겨나 겨우 굶어죽게 된 것을 신의 사자가 나타나 구해준다.

여기에서 아랍인과 유태인이 갈라지게 되는데, 장장 3천년이 넘도록 그의 자손들은 장자권을 가지고 싸우고 있다. 이것이 저 유명한 중동전쟁이다.

아브라함의 자손 이삭은 야곱으로 이어져 인구가 늘어 살기 어려워지자 기근을 피해 애굽으로 가 노동하며 살게 되는데, 인구가 기하급수로 불어 60만이 넘어지자 애굽인들의 박해로 살 수 없게 되므로 모세의 안내를 받아 가나안(지금의 팔레스타인)으로 가서 농경민족으로 정착한다.

그후 다윗왕조가 생겨나지만 솔로몬왕 이후 지나치게 문란한 성생

활 때문에 왕조가 기울어져 르호보담왕 때 유다와 이스라엘 두 나라는 갈라진다.

두 나라는 앗시리아, 바빌론에 의해 차례로 멸망하고 유대인도 다시 노예가 되어 있다가 페르시아가 일어나자 해방된다. 한 때 독립된 나라를 이루어 왔으나 예수 대에 이르러서는 로마의 지배를 받게 된다.

세례요한은 심판자로서 활동하였으나 헤로데의 안티파수에 체포되어 그의 딸 살로메가 춤춘 대가로 재판 없이 목이 잘린다.

예수도 예언자로써 활동했지만 바리새인 사두개인에게 미움을 받고 종교재판에 넘겨져 결국 십자가에서 죽고 만다.

이 두 사람이 진짜 신의 자손인가, 인간의 자손인가의 싸움은 4대 복음서에서 극력하게 논의되지만 결국 마가·마태·누가복음서는 참고자료가 되고 요한복음서에 그 영향이 짙게 나타난다.

순니가 편집한 하디스(무슬림 성서)에는 무하마드가 알라신에게서 받은 쿠랑에서는 일관성 있게 정리되어 있다.
그 내용이 각기 다른 4복음서가 정전(正典)인가 아니면 일관성 있게 신의 소리로 정리된 쿠랑과 하디스가 정전인가. 뿐만 아니라 하갈에게서 낳은 이스마엘이 장자인가. 이스마엘보다도 훨씬 뒤에 태어난 이삭이 장자인가. 이 문제가 풀리기 전에는 중동전쟁은 끝나지 않는다.

이것은 오직 이 글을 읽은 여러분들의 지혜에 의해 판단될 것이다. 오늘은 성지순례를 갔다가 희생된 세계각국의 크리스찬들의 절규가 있기에 이 책과는 별로 관계가 없는 세계사를 여기 마지막으로 기록하는 것이다.

남의 일에 감놔라 배놔라 하지 말고 자기 조상이나 잘 섬기고 사는 것이 이 나라 백성들이 해야 할 일이 아닐까. 양녕대군과 효령대군의 믿음을 잘 되새겨 볼 필요가 있다.

유생 이벽

조선 성종대왕 20년(489)에 인수왕대비(仁粹王大妃)가 일찍이 불상을 만들어서 정업원(淨業院)에 보냈다. 그런데 유생 이벽(李鼊) 등이 불상을 가져다가 불태워 버렸다. 대비가 이벽의 죄를 다스리라고 청하자 임금이 거절하며 말하였다.

"유생은 부처를 배척하옵니다. 칭찬하지는 못할망정 죄를 물을 수는 없습니다. 하물며 내전에서 이러한 사실을 듣고 유생을 추국하라고 명한다면, 이는 임금이 펼칠 정사가 아닙니다. 왜냐하면 불법에는 국문하는 법이 없고 더구나 중생을 위해 살으신 석가부처님을 복되게 할 수 없기 때문입니다."

이에 대비도 더 이상 강요할 수 없었다.

상현은 말한다.

황해도 신천군 구월산의 폐사 흥림사(興林寺)에는 그전에 철불상(鐵佛像)이 있었다. 어떤 유생이 벽불(闢佛)을 칭하면서 그것을 녹였다. 그런데 갑자기 불상의 궁둥이 부분부터 조각조각 폭발하여 날리더니, 그 조각들이 모두 조그마한 불상이 되었다. 상호를 다 갖추었으며 한 손은 하늘을 가리키고 한 손은 땅을 가리켰다. 그 사람은 두려움에 떨면서 그만두었으나, 끝내 무서운 병에 걸려 죽고 말았다. 월정사의 스님이 그 불상과 함께 조그마한 불상을 본사(월정사)에 봉안하였다. 최근까지도 사람들이 남아 있는 여러 구의 불상을 보았다고 한다.

또 최근 20년 이래 야소교도(예수교도)가 사원에 이르러 부처를 가리키며 마귀의 우상이라 하여 마침내 배척하고 모독하는 자들이 있었다. 부처님의 얼굴에 침을 뱉는 자가 있는가 하면 심지어 불상의 지체(肢體)를 훼손하는 자도 있었다. 절의 승려들은 힘이 없어서 그 행위를 방임하고 감히 어떻게 할 줄 몰랐다. 대개 야소교의 십계 중에 '우상을 숭배하지 말라'는 한 구절이 있다.

그렇지만 내가 야소의 구교, 즉 가특력(加特力 ; 가톨릭)파를 살펴보았더니 성모 마리아상을 사원에 조소하여 안치했다. 그 교도들 또한 십자가에 못 박혀 죽은 야소상을 차고 있는데, 이것은 우상이 아니고 무엇인가? 어찌 부처님만이 우상이라고 하면서 배척하는가? 무슨 말로써 그를 변명할 것인가. 나는 그것을 알고 있으니 야소의 신교는 구종(舊宗)을 개량하면서 성모와 더불어 야소에 이르기까지 일체의 상을 없애고 이를 신교의 주의(主義)로 삼는다고 한 것이다.

내가 생각하건대, 하늘 아래에 모든 학술과 종교에서 일체 사물에 이르기까지 살아 있는 사람의 정리(情理)에 의하여 건립되지 않은 것은 하나도 없다. 대저 천지와 온갖 사물에 상을 조성하는 것을 우상이라고 한다면, 지금 상을 조성해 예배하는 것이 관계상 부득이함은 어찌하겠는가? 즉 세상에서 권속과 친우가 서로 초상을 베껴서 주고 때때로 펼쳐보며 기리고 생각하는 정을 펼치는 것과 같다.

가령 어떤 사람이 길에서 그의 아버지의 동상을 보고서 예배하지 않는 이가 있겠는가. 이것은 정리 관계상 부득이한 것이다. 만약에 위대한 사업가가 절세의 공훈을 세운 사람에 대해 그 형상을 인각운대(麟閣雲臺)에 그리거나 사방이 확 트인 큰길에 동상을 주

조해 세워 한 나라의 본보기로 삼게 하고 충분히 천년을 이어가며 존경하게 한다면, 이는 역사 관계상 부득이한 일이다. 또 화폐와 지폐와 인장에 유명한 임금이나 현성(賢聖)의 면모를 새겨서 만민의 손에서 사용하는 것 또한 기술 관계상 부득이하다. 사묘(祠廟)의 신상이나 사원의 불상은 그 신도들에게 마음을 대상에 거두어들이게 하는 것으로 이는 종교 관계상 부득이한 일이다.

지금 유교는 나무로 만든 신주(神主)와 붓으로 그린 진영을 존경하여 받들어 모시며, 경교(景敎)는 성모가 아기를 안은 상과 십자가에 못 박힌 야소의 패(牌)를 존경하여 받들어 모시며, 불교는 32상과 80종호의 소상(塑像)을 존경하여 받들어 모신다. 하물며 세존께서 금구(金口)로 친히 선포하신 원각경에서 "만약에 부처님이 입멸하신 후 형상을 시설하거나 마음으로 스스로 생각하거나 바르게 기억하고 있다면 바로 여래께서 상주하는 날과 같다"고 함에 있어서랴.

경교에서 또한 이르기를, "상제(上帝)의 성령(聖靈)은 형상이 없으나, 사람들은 특히 자기를 닮은 상을 짓느니라"고 하였다.
대저 법신은 모습이 없으며 참된 부처는 형상이 없으니, 이것이 공(空)이다. 32상 80종호 이것이 색(色)이다. 공즉시색(空卽是色) 색즉시공(色卽是空)이니, 색에도 공에도 어찌 집착할 수 있겠는가. 다만 후세를 위하여 법을 나타낼 뿐이다.

전등록에서 말하였다.
"조주 종심(趙州縱諗)선사가 대중들에게 보이시며 이르기를, '금불(金佛)은 용광로를 건너지 못하고, 목불(木佛)은 불을 건너지 못하고, 니불(泥佛)은 물을 건너지 못한다. 참 부처는 내 안에 앉아 있다'고 하였다."

단하 천연(丹霞天然)선사가 혜림사(慧琳寺)에 있을 때 날씨가 매우 추웠다. 스님은 나무로 된 부처를 가져와 태웠다. 그런데 사람들이 이를 비난하였다. 스님이 말하기를, '나는 사리를 취하고자 한다'고 하자, 사람들이 '어찌 사리를 얻겠습니까?'라고 하였다. 그러자 스님이 '그렇다면 어찌 나를 책망하는가?'라고 하였다.

또 어떤 도류(道流)가 불전 앞에서 등지고 앉아 있었다. 스님이 '도사는 부처를 등지지 마시오'라고 하자, 도사는 '본교 중에 불신은 법계에 충만하다고 하였는데, 어느 곳을 향하여 앉아야 하겠습니까?'라고 하였다.
어떤 행자가 법사를 따라 불전으로 들어갔다. 그런데 행자는 부처님을 향하여 침을 뱉었다. 스님이 '너는 제대로 알지도 못하면서 무엇 때문에 부처님께 침을 뱉는가?'라고 하였다. 그러자 행자가 '장차 부처가 없는 곳으로 데려가십시오. 내가 그곳에 침을 뱉겠습니다'라고 하였다.

제23조 학륵나(鶴勒那)존자가 나이 7세 때 취락을 유행하다가 민간에서 제사 지내는 것을 목도하고 묘당(廟堂)에 들어가 사람들을 질정하였다. '너희들은 망령되이 화복을 일으켜 사람들을 미혹하게 하고 해마다 희생을 써서 상해하는 것이 매우 심하도다.' 말을 마치자 묘당이 홀연히 무너졌다. 이런 까닭으로 마을 사람들은 그를 성자라고 불렀다.

숭악(嵩嶽) 파조타(破竈墮)화상은 숭악산에 은거하였다. 산마을에 묘당이 있었는데 매우 신령스러웠다. 건당 중에는 오직 조왕(竈王 ; 부뚜막 신) 하나만 모셨다. 멀고 가까운 곳을 막론하고 제사를 지내기 위해 동물의 생명을 죽여 굽는 일이 끝도 없이 이어졌다. 스님이 하루는 승려들을 거느리고 묘당에 들어가 막대기로 조

왕을 세 번 두드리며 말하였다.

"돌! 이 조상은 다만 진흙과 기와로 합성한 것에 불과하다. 성스러움은 어디로부터 오고 신령함은 어디로부터 일어난다고, 이와 같이 동물의 생명을 죽이는가?"

그러면서 또 세번 내리쳤다. 이에 부뚜막 신이 기울어지며 떨어져 깨졌다. 이런 까닭으로 파조타화상이라 부르게 되었다.

이러한 이야기들을 근거하여 볼 때, 불교가 어찌 우상을 중시한다고 하겠는가. 이는 어리석은 범부를 위해 보이는데 불과하다. 그들로 하여금 우러러보는 마음이 일어나게 하기 위해서 형상을 시설할 뿐이다. 그러나 불자가 된 이로서 자성청정법신(自性淸淨法身)인 부처님을 망각하고 일체 귀신 등의 상에 나아가 예배하고 복을 구하는 일은 비유하자면 마치 옷 속에 보배 구슬을 감추고 다른 곳에서 음식을 구하는 것과 같다.

벽계화상 벽송(碧頌)과 정련(淨蓮)

해동불조원류를 살펴보면, 벽계화상은 황악산에 은거하면서 장차 수족을 일으켜 벽송에게 선을 전하고, 정련(淨蓮 ; 法俊. 법화경을 강설함)에게 교(敎)를 전하였다. 또한 허단보(許端甫)의 청허당집서(淸虛堂集序)에서 말하였다.

『도봉 영소(道峰靈炤)국사가 중국에 들어가 법안종 영명의 법을 전해 받고 송 건륭(960~962) 연간에 본국(고려)으로 돌아와서 선풍을 크게 진작하여 말법의 중생을 구제하니, 조사가 서쪽에서 온 뜻이 비로소 선양되었다. 그리하여 우리나라에 가사를 두른 이가 드디어 임제·조동의 가풍을 익혀 얻었으니, 선종에 끼친 공로가 어찌 적다고 하겠는가. 스님의 정법안장이 도장 신범(道藏神範)에게 전수되어 청량 도국(淸凉道國)·용문 천은(龍門天隱)·평상 숭신(平山崇信)·묘향 회해(妙香懷濚)·현감 각조(玄鑑覺照)·두류 신수(頭流信修) 등 6세를 지나 보제 나옹(普濟懶翁)에게 전해졌다. 나옹이 오랫동안 중국에 있으면서 모든 선지식을 널리 찾아 두루 통하고 즉시 체득하여 선림의 사표가 되었다. 그 법을 전해 받은 이는 남봉 수능(南峯修能)으로 적사(嫡嗣)가 되었고, 정심 등계(正心登階)가 이를 바로 계승하였다. 정심은 즉 벽송 지엄의 스승이다. 벽송은 부용 영관에게 전하였는데, 그 도를 체득한 이로는 오직 청허노사가 가장 뛰어났다고 한다.

종봉 정공(鍾峰政公 ; 신명대사)은 대사의 가르침을 듣고 흥기(興起)한 이다. 지당(智幢)이 이미 꺾이고 계보(戒寶)가 오랫동안 잠겨 있음을 슬퍼하며 널리 유문(遺文)을 모아 길이 사모하는 뜻으로 삼고자 하였다. 열반에 들던 날 저녁 제자들을 불러 당부하였다.

"나의 스승의 유고를 내가 좋은 판목에 새겨 인쇄하지 못하고 갑자기 이렇게 가게 되었구나. 너희들은 장차 초심을 잘 지켜 나의 가르침을 잊지 말고 그 일을 마치도록 하라. 그러면 내가 지하에서 눈을 감을 수 있겠다. 거사(허균)는 우리 불교와 은미한 인연이 있으니 서문을 맡기도록 하라."

문인 혜구(惠球)가 거사의 집 앞에 찾아와서 돌아가신 스님의 말을 전하고 서문을 요청하니 거사가 말하였다.

"그렇다. 그런 연유가 있었다. 내 선친께서 청허대사를 뜻을 같이한 친구처럼 만났다. 나도 젊었을 때 서찰에서 만나 뵈었다. 지난 해 서쪽지방을 유람할 때 노사를 만나 친히 오묘한 진리를 듣고 흐트러진 마음이 금세 사라졌다. 노사가 입멸 후 비문을 나에게 부탁하였다. 그러나 나는 유학자이다. 불교와는 서로 맞지 않는데 어찌 그 행적을 모사(模寫)할 수 있겠는가. 그대 스승의 부탁은 이를 잘 알고 한 일이리라.

그러나 선대부터 대대로 사귀어 온 정의를 생각하여 감히 사양하지 못하고 대사가 전한 법맥의 자취를 서술하고 노사에 관한 이야기를 간략하게나마 적어서 보낸다."

또한 허단보(許端甫)가 편찬한 유명조선국 자통홍제존자 사명송운 대사 석장비명서를 보면 다음과 같다.

『불교가 동쪽을 거쳐 삼한에 전래된 이후 율종과 교종이 함께 번

창하였다. 그러다가 원교(圓敎)와 점교(漸敎)로 나뉘어져 수천년
동안 승가리 입은 이들이 각자 스스로 부처님의 보배를 가졌다고
과시하였다. 오직 목우(보조국사)와 강월(나옹왕사)만이 홀로 황매
의 종지를 얻어서 선문의 으뜸이 되었다. 이에 겸추(鉗鎚)를 한번
휘두르면 만인이 모두 굴복하였다. 열반묘심과 정법안장을 더하여
우리나라에 은밀히 전하였으니, 이 어찌 감탄할 일이 아니겠는가!
보제(나옹)의 5대 법손이 바로 부용 영관선사이다. 청허 노사는
그의 입실제자이다. 청허스님은 관법에 지혜가 있고 깨달음이 오
묘하여 선배들보다 뛰어났다. 참으로 근대의 임제종과 조동종의
종주이셨다. 그후 법을 계승한 자가 그의 사람이 아닌 자가 없었
으며, 스님들이 사명대사를 높이 추앙하였으니 서산스님의 법을
거의 모두 계승하였다고 말할 수 있겠다.

이 세상에서 가장 높으신 부처님께서 인도에서 성도하고
열반묘심을 이심전심으로 전하고
진단(眞丹)에서 동쪽으로 흘러 삼한으로 왔네.
영명(永明)까지 전해 온 그 법통이여!
강월헌만 그 밀지를 전해 받았네.
그 법을 이은 법손 중에는 서산대사가 으뜸이네.
지혜의 횃불이 아침에 밝고 지혜의 거울은 밤에 비추네.
수많은 서산대사의 제자 백천을 가리키네.
그 가운데 종봉(鍾峯)이 으뜸으로 고해 중생 건지셨네.』

이상을 합쳐보면,
『허단보씨는 이미 불법에 대하여 역시 어둡지 않았다. 또한 서산
과 사명 두 대사와 서로 깊이 알고 지냈으므로 서산대사가 입적
한 이후 비문을 부탁하고 사명대사가 권두의 서문을 부탁하였다.
허단보의 서문은 특히 두 대사가 서로 스승의 법을 전한 자취를

서술하여 벽계가 나옹의 법손이 되고 다시 나옹은 법안종 영명의 종파라고 하였다. 어찌 평소에 알던 전승의 사실이 아니겠는가. 깊은 의심이 생긴다. 대저 종봉(四溟)의 부탁을 받고 허단보에게 글을 부탁한 이는 바로 혜구이다. 법맥의 계통이 이와 같이 잘못 서술되었으니 어찌 바로잡고 이를 간행하기를 청하지 않겠는가. 허단보의 지위가 높고 또 스스로 자랑하였으므로 혜구가 감히 깔보지 못한 것이다. 어찌 그러한 사연을 아는가.』

다음 글에서 검토해 보자.

중관대사(中觀大師 ; 海眼)가 지은 사명당 송운대사 행적에서 말했다.
"다만 소제자 해안은 오석령(烏石嶺)의 망주정(望洲亭) 변두리 말석 아래의 더러운 찌꺼기 같은 사람입니다. 대사의 문하인 맏제자 혜구와 단헌(丹獻) 등이 팔표횡려(팔도를 대표하는 학승)와 더불어 서로 상의하여 말하기를, '청허는 능인의 63대 임제의 25세 직계손이며, 영명은 곧 법안종이고 목우자는 다른 종이다. 강월헌(나옹)은 평산에서 분파하였다. 본 비문 중에 우리 스님이 임제에게 전수 받았으나, 소목(종묘에서 신주를 모시는 차례)의 차례를 잃어버렸다. 만약 후세에 지혜에 눈멀고 귀먹어 전함이 오래되면 될수록 눈과 귀를 놀라게 할 것이 없다. 해안이 비록 외손의 제구(蘆臼 ; 好辭)로 폄하되지만, 또한 동호(董狐)의 직필이 있으니, 본비를 가지고 재삼 청하였다. 그러므로 31년이 지난 창룡(蒼龍 ; 봄) 용집(龍集 ; 세차) 백룡(白龍 ; 경진년 1640) 용월(辰月, 三月) 사토일(射兎日 ; 三日)에 삼가 쓴다."

이상으로 추측해 보면 당시의 정황을 알 수 있다. 비록 그와 같으나 조선 초엽에 나옹의 법이 매우 번성하여 고봉(高峯)과 함허(函

虛)의 두 대사가 있었다. 당시 선문의 종장이 되어 명성이 아주 높았으며 문도 역시 많았다. 태고의 문도는 비록 수가 적지 않으나 하나의 법맥이 서로 전하여 실처럼 이어졌다. 벽계가 벽송과 정연(爭蓮'白霞) 두 사람을 얻은 연우에야 법맥이 이어져 비로소 크게 번창하였다.

법준(法俊) 선백에게 보였다.
군주를 만나 막야검(鏌鋣劍 ; 吳의 명검)을 받는다고 해도
칼 끝으로 살아 있는 푸른 이끼를 자르지 마라.
5온산 앞에서 적을 만난 듯
한 번 휘두르자 하나씩 끊는다."

이로써 보면 법준 역시 선과 교를 겸수한 분임을 알 수 있다.

선사는 선이 옳다. 교사는 교가 옳다 하고, 염불사는 염불, 진언사는 다라니를 주장하기 때문에 이런 글을 쓴 것이다.
그러나 부처님께서 누구에게 법을 받고 전했는가를 한번 생각해 보라. 부처님은 모든 사부대중을 "일불제자(一佛弟子)"로 생각하여 상좌도 없고 문벌을 조성하지 아니하였다. 하물며 무슨 종파가 있겠는가. "불교가 불교가 아니므로 불교다" 하신 말씀에 의하여 그의 위대한 정신이 계승되고 있는 것이니, 조상의 뿌리를 가지고 "아시타비(我是他非)"를 논하지 말라. 부처님 얼굴에 똥칠을 하는 격이다.

세 친구가 등산을 가다가 목이 말라 물을 찾았다. 산등성 바위 밑 고목 속에 벌집이 있는 것을 보고 올라가 꿀을 조금씩 받아먹다가 양이 차지 않아 고개를 처박아 벌통에 넣었다. 실컷 먹고 나니 배는 불렀으나 벌들이 와서 머리를 쏘아 팅팅 부었으므로 머리를

빼내려 하여도 나오지 않고 있자 다른 친구가 쫓아와 "뭘 하고 있느냐" 하면서 두 다리를 쭉 잡아 당기니 그만 몸통만 땅에 뚝 떨어졌다.

한 친구가 옆에서 보고 있다가 하는 말이,

"저 놈은 태어날 때부터 머리가 없이 태어났구나…"

하였다. 탐욕 많은 친구, 성 잘 내는 친구, 어리석은 친구가 되어 모두가 "바보 천치"로 소문나니 그것이 요즘은 큰 나라 작은 나라 중간 나라가 싸우고 있는 실정이다.

"이 바보 천치야. 너 죽는 줄도 모르고 꿀만 퍼먹고 있느냐!"

바보중과 천치승

印 刷 日 ㅣ 2014년 4월 30일
發 行 日 ㅣ 2010년 5월 10일
발 행 처 ㅣ 불교통신교육원
편　　저 ㅣ 활안 한 정 섭
인　　쇄 ㅣ 이화문화출판사 02-738-9880(대표전화)

발 행 처 ㅣ 479-810 경기도 가평군 외서면 대성리 산 185번지
전　　화 ㅣ (02) 969-2410(금강선원)
　　　　　등록번호. 76. 10. 20. 경기 제6호

값 12,000원